普通高等学校现代物流管理系列教材

智慧物流概论

韩东亚　孙颖荪　编著

中国科学技术大学出版社

内 容 简 介

本书系对标高等学校"新目录""新专标"的配套教材。本书按照智慧物流系统的发展历程和在社会生产生活中的典型应用，分为8个项目24个子项目，包括智慧物流导论、智慧物流创新技术、智慧物流设施设备、智慧物流信息管理、智慧物流园区、智慧供应链、智慧物流产业和智慧物流战略。每个项目设置了学习目标，围绕项目主题设计了学习导航和引导案例，课后设计了知识练习和实践练习，突出专业教育、思政教育与双创教育的融合。

本书图文并茂，兼具知识性和操作性，还配套建设了课件和习题答案，既可以作为应用型本科院校和高等职业教育本专科物流管理类专业的教材，也可以作为广大物流从业人员的培训用书或业务参考用书。

图书在版编目(CIP)数据

智慧物流概论/韩东亚,孙颖荪编著.—合肥:中国科学技术大学出版社,2023.3
ISBN 978-7-312-05583-6

Ⅰ.智… Ⅱ.①韩… ②孙… Ⅲ.智能技术—应用—物流管理 Ⅳ.F252.1-39

中国国家版本馆CIP数据核字(2023)第008128号

智慧物流概论
ZHIHUI WULIU GAILUN

出版	中国科学技术大学出版社 安徽省合肥市金寨路96号,230026 http://press.ustc.edu.cn https://zgkxjsdxcbs.tmall.com
印刷	合肥市宏基印刷有限公司
发行	中国科学技术大学出版社
开本	787 mm × 1092 mm　1/16
印张	13.25
字数	258千
版次	2023年3月第1版
印次	2023年3月第1次印刷
定价	42.00元

前　言

物流业作为支撑国民经济发展的先导性、基础性、战略性产业，是我国强化现代产业体系、服务构建新发展格局的重要基础保障。国务院办公厅印发《"十四五"现代物流发展规划》提出，到2025年，基本建成供需适配、内外联通、安全高效、智慧绿色的现代物流体系，同时强调了需强化数字化科技赋能。随着"数字中国"等国家战略的深入实施，传统的供应链模式亟须提升，建立新的供应链模式、聚焦智慧物流迫在眉睫。

党的二十大报告明确提出，要加快构建以国内大循环为主体、国内国际双循环相互促进的新发展格局。在新冠肺炎疫情期间，智慧物流凭借以平台大数据、人工智能等为代表的技术优势和以无人机、无人车、自动分拣机器人为代表的智能设备优势，开创了精准高效、无接触式物流配送模式，提高了配送效率，避免了不必要的人员接触，降低了交叉感染的概率。伴随着数字经济时代的到来，物流业不断借助新一代信息技术转型升级，越来越智能化、智慧化。但同时我们也要清醒看到，目前我国智慧物流行业在整体上仍存在数字化技术应用范围不广、智慧物流基础设施投入不足、智慧物流标准化体系尚未健全等问题，物流大数据整合水平亟待提升，智慧物流生态体系尚待完善，监管机制仍需健全。构建稳定畅通的智慧物流生态体系，对实现我国物流畅通和保障产业链供应链的稳定具有重大的理论和现实意义。

本书具有如下鲜明特点：

第一，思政引领，红专并进。本书以立德树人为根本目标，精心设计了包含知识、技能、素养的三维学习目标，书中案例的选取和实践项目的设计，均考虑到职业自豪感、专业认同感和民族自信心等元素，探索了课程思政的系统化实现方案，凸显智慧物流发展对社会生产生活的重要作用和意义，辅助教师开展课程思政教学。

第二，技术前瞻，与时俱进。本书以中华人民共和国国家标准《物流术语》(GB/T 18354—2021)为标准设计内容，体现了物流理论发展的最新成果和物流标准的开发应用。书中所涉及的智慧物流系统内容均吸取了最新的技术应用成果，引导学习者掌握智慧物流行业的新趋势、新技术、新规范、新应用。

第三，技能适用，能力拓展。本书围绕智慧物流，精心安排了包含智能设备、智慧物流系统等相关的企业技能训练项目，每个项目均与知识相配套，体现高等学校产教融合的教育发展趋势。同时，还设计了调研和规划等社会实践任务，学习的过程中加强专业知识与社会应用的结合，提升学生的职业素养和职业能力。

本书在编写过程中，参阅了国内外众多学者的相关著作、教材和研究成果，在此谨向相关专家、学者表示深深的敬意和由衷的感谢。由于时间仓促，加之编者水平有限，书中难免存在不足之处，敬请广大读者批评指正，以使本书日臻完善。

编　者

目　录

i　前言

项目1
001　智慧物流导论

003　1.1　智慧物流概述
013　1.2　智慧物流系统概述
022　1.3　我国智慧物流的发展

项目2
029　智慧物流创新技术

031　2.1　感知技术
039　2.2　大数据技术
045　2.3　互联网+技术
049　2.4　人工智能技术

项目3
057　智慧物流设施设备

059　3.1　智慧仓储设施设备
070　3.2　智慧运输配送设备
081　3.3　其他智慧物流技术设备

项目4
089　智慧物流信息管理

091　4.1　智慧仓储管理系统
102　4.2　智能运输系统
108　4.3　物流公共信息平台

项目 5

119　智慧物流园区

- 121　5.1　智慧物流园区概述
- 125　5.2　智慧物流园区的规划建设
- 134　5.3　智慧物流园区的应用

项目 6

141　智慧供应链

- 142　6.1　智慧供应链概述
- 146　6.2　智慧供应链的构建

项目 7

155　智慧物流产业

- 157　7.1　智慧物流产业发展概述
- 161　7.2　智慧汽车物流产业
- 173　7.3　智慧医药物流产业

项目 8

183　智慧物流战略

- 185　8.1　智慧物流战略概述
- 194　8.2　智慧物流协同创新
- 200　8.3　智慧城市"大脑"

项目 1　智慧物流导论

 学习目标

- 掌握智慧物流的概念和主要特征
- 了解智慧物流的基本架构
- 理解智慧物流的重要地位和作用
- 深刻体会到我国智慧物流产业急需快速发展,增强自信心和使命感

学习导航

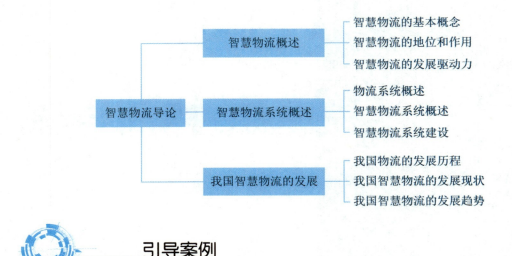

引导案例

物流行业"十四五"规划展望：推进物流降本增效　推动智慧物流发展

"十四五"规划是我国第十四个"五年规划"，"五年规划"是中国国民经济计划的重要部分，属长期计划，主要是对国家重大建设项目、生产力分布和国民经济重要比例关系等做出规划，为国民经济发展远景规定目标和方向。

当前，新一轮产业革命和技术革命风起云涌，国内外环境发生深刻变化。作为支撑国民经济发展的先导性、基础性、战略性产业，我国物流业仍然处于重要的战略机遇期。"十三五"期间，我国物流行业取得了骄人的成绩，"十四五"期间，国家将深化交通运输供给侧结构性改革，推进物流"降本增效"，推动智慧物流发展。

作为国民经济中重要一环的物流行业，贯穿一二三产业，是促进供给与消费相匹配、相协调的核心环节。伴随物流活动产生的物流成本，则是整个社会交易成本的一个关键所在。推动物流降本增效，在当前经济转向高质量发展阶段已然成为物流管理的首要任务，可谓在相当程度上分担着供给侧结构性改革"降成本"之重任。

物流降本增效当以"提高物流发展质量和效益"为主线，以大数据、智能化为依托，通过鼓励创新、融合互联网技术、多式联运等提升资源配置效率，着力推进物流业集约化、智能化、标准化发展。也就是说，当前应大力发展智慧物流，全面推进物流高质量发展。

项目1.1　智慧物流概述

物流业的快速发展,为国民经济的增长提供了充足的动力,为人民物质生活的丰富提供了极大的方便,是社会发展的后盾和坚实基础。智慧物流作为物流行业发展的趋势,正得到业内和相关行业的普遍重视。由此,需要对智慧物流在当今社会的重要地位进行重新梳理和评估。

1.1.1　智慧物流的基本概念

1.1.1.1　智慧物流的概念

智慧物流包含了两层含义:一是现有的物流系统通过先进科学技术实现信息化、自动化和智能化,这是物流＋智慧的过程;二是将大数据、互联网和智能技术嵌入物流后,将传统的物流产业转型升级,在应用技术、产业业态和管理模式等方面都出现了新的变化,这是智慧＋物流的过程。

根据《物流术语》(GB/T 18354—2021),智慧物流(smart logistics)指以物联网技术为基础,综合运用大数据、云计算、区块链及相关信息技术,通过全面感知、识别、跟踪物流作业状态,实现实时应对、智能优化决策的物流服务系统。

随着物流与互联网等技术深化融合,智慧物流出现一些与传统物流不同的特点:一是"互联网＋"物流蓬勃发展,二是物联网在物流领域广泛应用,三是物流大数据变为现实,四是物流云服务强化保障,五是人工智能快速起步。

智慧物流是将物流系统中的个体与总体利用自动化、信息化和智能化的技术与方法,具有感知传导、分析决策、智能执行与学习提升的能力,并能有效地实现和其他经济与社会系统的协同,最终服务于整个经济与社会系统的可持续改进和优化的物流体系。智慧物流体系具体如图1.1所示。

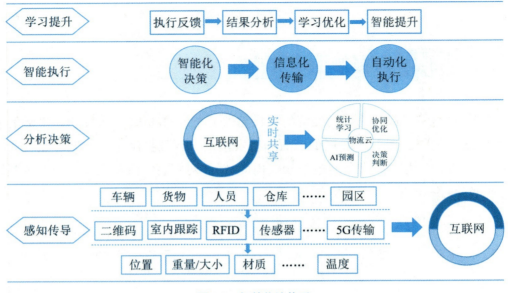

图1.1 智慧物流体系

1.1.1.2 智慧物流的主要特征

1. 数字互联

智慧物流的基础是通过数字化手段建立物流系统与世界的联通。物流系统中的人、货、场等各项要素均全面连入互联网，实现互联互通。智慧物流系统以物流信息系统建设、数字化管理和物流手持终端的普及为基础，全过程采集、传输、分析物流活动，使物流活动数字化，参与各方可以动态感知和智能交互，实现物流高效率、低成本运行。

2. 协同共享

物流网颠覆了人类的工作方式、学习方式和生活方式，协同共享时代已经到来。在成熟的物联社会、共享时代，世界将告别资源枯竭的困境，真正实现可持续发展。智慧物流的建设以物联网为基础，要求打破传统企业边界，突破传统社会的产权所有观念，分享资源的使用权。智慧物流系统内共享企业资源，深化企业分工协作，实现社会资源的最大化利用。

3. 精准高效

区别于传统物流的以人工操作为主，智慧物流主要靠大数据、云计算等先进技术驱动下的智能化设备进行操作，采用大数据及模拟仿真技术来精准确定最佳仓储、运输、配送网络布局方案，并调度整个物流系统中各参与方高效分工协作。同时，智慧物流系统中的智能算法可以对运营数据进行建模分析、求解与仿真运行，能对物流系统作业中的库存部署、配送中心选址和产能调节等问题进行决策分析。

4. 持续改进

智慧物流系统中的人工智能技术通过实现经验积累、自主学习以及深度思考,可以对物流作业方案进行持续改进,探索物流运作新模式。智慧物流系统可以实现系统的实时反馈,对系统修正、系统完善具有重要意义。在整个智慧物流系统运作中贯穿反馈机制,确保物流系统作业者可以及时了解运作情况,以便快速解决系统问题。

1.1.1.3 智慧物流的基本功能

1. 感知功能

运用各种先进技术,能够获取运输、仓储、包装、装卸搬运、流通加工、配送、信息服务等各个环节的大量信息。实现实时数据收集,从而使各方能准确掌握货物、车辆和仓库等信息,初步实现感知智慧。

2. 规整功能

继感知信息之后,把采集的信息通过网络传输到数据中心,用于数据归档。建立强大的数据库,分门别类后添加新数据,使各类数据按要求规整,实现数据的联系性、开放性及动态性。同时,通过对数据和流程的标准化操作,推进跨网络的系统整合,实现规整智慧。

3. 智能分析功能

运用智能的模拟器模型等手段分析物流问题,根据问题提出假设,并在实践过程中不断验证问题、发现新问题,做到理论与实践相结合。在运行中系统会自行调用原有经验数据,随时发现物流作业活动中的漏洞或者薄弱环节,从而实现发现智慧。

4. 优化决策功能

结合特定的需要,根据不同的情况评估物流的成本、时间、质量、服务、碳排放和其他标准,评估基于概率的风险,进行预测分析,协同制定决策,提出更为合理有效的解决方案,使做出的决策更加准确、科学,从而实现创新智慧。

5. 系统支持功能

智慧物流并不是各个环节各自独立、毫不相关的物流系统,而是每个环节都能相互联系、互通有无、共享数据、优化资源配置的系统,它能够为物流各个环节提供最强大的系统支持,使得各环节协作、协调、协同,这是系统智慧的集中体现。

6. 自动修正功能

在前面五项功能的基础上，按照更为有效的解决方案，系统会自动遵循快捷有效的路线运行，并在发现问题后自动修正，同时备份在案，方便日后查询。

7. 及时反馈功能

物流系统是一个实时更新信息的系统，反馈是实现系统修正、系统完善必不可少的部分，反馈贯穿于智慧物流系统的每一个环节，能够为物流相关作业者了解物流运行情况，为及时解决系统问题提供强大的保障。

1.1.2 智慧物流的地位和作用

1.1.2.1 智慧物流的架构

1. 物流体系是智慧物流的底层基础

现代物流体系集商流、物流、资金流和信息流为一体，为智慧物流系统提供了物流基础运作和管理。实践证明，发展物流信息化的前提是具有良好的物流作业能力和管理水平，否则不仅不能提高作业效率，降低物流成本，反而还会增加物流系统的运作负担。因此，只有在完善的物流系统基础上，才能发挥智慧物流的协同运作、智能调度的效应。

2. 先进技术是智慧物流的重要支撑

智慧物流中的"智慧"主要体现在各种科学技术在物流系统中的运用效果。其中，互联网技术是物流系统具有"智慧"的传输技术，物联网技术是物流系统赋予"智慧"的融合技术，大数据和云计算技术是物流系统实现"智慧"的控制技术，而智慧物流技术装备是技术的具体表现。因此，只有将这些先进技术整合起来，才能使智慧物流具备智慧传输、智慧分析决策、智能执行和智慧学习的能力。

3. 有效融合是智慧物流的核心驱动

智慧物流使传统物流与先进技术进行简单的组合，两者的融合会带来现代物流体系框架的重新塑造，因此形成良性的有效融合机制，构建物流系统与先进技术良性共生发展的良好生态体系，是智慧物流发展的核心驱动力。

1.1.2.2 智慧物流的地位

1. 智慧物流是"中国制造2025"的重要支撑

我国实施制造强国战略第一个十年的行动纲领即"中国制造2025",这是我国从"中国制造"加速向"中国智造"的转型,也被称为"中国的第四次工业革命"。物流本身在制造产业链中具有承上启下的作用,是连接供应、制造和客户的重要环节。智慧物流在智能制造工艺中的作用更加凸显,例如,智慧仓储技术的引入,可以辅助智能化制造更加精准高效地管理仓储和物资流通;智能运输调度技术可以缩短物资在企业之间的流转,提高运输效率,进而缩短生产周期,降低生产成本,帮助企业在激烈的竞争中取胜。同时,通过建设智慧物流,企业可以建立智能化供应链体系,覆盖更多区域的目标顾客,更加精准地细分市场,进而影响企业的产品设计、运营和营销。从社会的角度来说,只有越来越多的企业应用新的供应链技术、提高制造水平,才能推动我国从制造大国走向制造强国,实现"中国制造2025"的目标。

2. 智慧物流是智慧城市的重要组成部分

物流发展是城市发展的基础,它连接着城市的生产、流通和消费,它是城市发展的重要组成部分。从某种程度上来说,一个城市的物流产业水平决定了其城市发展水平。智慧城市的建设主要体现在利用信息技术将城市的各种信息进行归总分析,提高城市管理的水平和居民生活管理的智能化程度。因此,我国大部分城市都在建设智慧城市的过程中重点关注智慧物流体系的建设,优先发展智慧物流体系,争取在交通管理、运输设备和共同配送等领域实现突破。

3. 智慧物流是物流业转型升级的必由之路

近年来,虽然我国物流成本水平总体呈下降趋势,但物流成本仍明显偏高。与发达国家相比,我国物流"成本高、效率低"问题仍较为突出,不能有效满足经济高质量发展和现代化经济体系建设的总体要求。特别是2020年以来,受新冠肺炎疫情的影响,社会物流成本出现阶段性上升,不利于有序推动复工复产和加快恢复正常经济社会运行秩序。物流成本显著偏高,既会制约企业运营的效率,也会制约社会经济的发展,因此物流系统亟待降本增效。智慧物流以物联网、大数据和云计算为技术基础,通过商流、物流、资金流和信息流的融合创新,运用智能分仓、车货匹配、无人驾驶等技术手段,提升物流服务水平,提高物流运作效率,加快传统物流模式的转型升级。

1.1.2.3 智慧物流的作用

1. 构建持续改进的物流生态圈

基于物流生态圈的概念,智慧物流关注物流系统中的基础设施、产业需求和物流服务功能三者均衡发展。整合物流生态圈中的物流企业,集中处理过去分散于多处的物流资源,发挥整体效应和规模优势,实现传统物流企业的现代化、专业化,并与之形成互补关系。智慧物流将物联网、大数据和人工智能等技术融入物流系统,原先物流生态圈的供求关系会随时发生变化。智慧物流的建设将有助于加速物流生态圈的形成和发展,构建设施一体衔接、信息互联互通、市场公平有序、运行安全高效的物流发展新生态圈。同时,智慧物流系统的自我学习能力,可以使物流生态圈自身不断地学习调整,以达到持续改进的目标。

2. 促进物流降本增效

智慧物流能够大大降低第二产业中的制造业、物流业等行业的成本,如生产商、批发商和零售商三方利用智慧物流达到信息共享、相互协作,能够降低物流各环节的企业成本,提高利润。智慧物流的平台搭建会衍生出很多平台服务。随着技术的发展,智慧物流关键技术如无线定位、物体标识及标识追踪等新型信息技术的应用,能够有效实现物流的智能调度管理,加强物流管理的科学化,从而降低物流成本,减少流通费用,增加企业利润,提高物流效率。

3. 促进产购销融合

智慧物流的实施有利于加快企业物流运作与管理方式的转变,提高物流运作效率与产业链协同效率。智慧物流比传统物流消耗的资源少,能够提高产品竞争力,促进供应链一体化进程,有利于解决物流领域信息沟通不畅、专业化水平低、市场响应慢、成本高、规模效益差等问题,从而提高企业在物流方面的竞争力,构筑企业新的经济增长点。

4. 促进社会经济发展

智慧物流集多种服务功能于一体,体现了现代经济运作特点的需求,即强调信息流与物质流快速、高效、通畅地运转,从而降低社会成本,提高生产效率,整合社会资源。

随着"互联网+""工业4.0""中国制造2025"的提出,我国各行业已经进入了转型升级的重要时期,与此同时,在行业需求、产业基础、先进技术和政策保障的驱动下,物流行业开始不断涌现新模式、新业态、新融合,为行业的转型升级开辟了新路径,智慧物流的发展正当其时。

1.1.3　智慧物流的发展驱动力

1.1.3.1　需求驱动

1. 智慧物流是智能制造产业发展的重要支撑

在"中国制造2025"中,最受关注的无疑是智能制造,其三大关键指标包括智能制造企业提高生产效率、订单交付能力和库存周转水平。智慧物流可以通过"互联网＋物联网",整合物流资源,发挥现有物流资源供应方的效率,在智慧单元化物流技术、智慧物流装备以及智慧物流信息系统等方面发挥重要的支撑作用,体现智慧物流在制造企业的外部供应链和内部生产中均处于核心地位,也可以保证产品品质、提升制造企业竞争力。归根结底,就是通过人、设备、产品的实时联通与有效沟通,最终实现生产者和消费者直连的状态。这对于我国的物流行业来说,无疑也是一个新的机遇。

2. 智慧物流是电子商务产业加速升级的重要基础

随着全球经济一体化趋势的日益加深,我国的电子商务也从服务国内市场延伸到国际市场,跨境电商概念应运而生。跨境电商是指分属于不同国别或地区间的交易主体,通过互联网等信息平台达成交易,完成相关支付结汇,并通过跨境物流将商品送达顾客手中。当前,跨境电商发展迅猛,市场潜力巨大。跨境电商的蓬勃发展使物流行业成为最大的受益者,在云计算、大数据、"移动互联网＋"等新一代信息技术的广泛应用背景下,智慧物流是解决跨境电商物流瓶颈的主要路径之一。

3. 智慧物流是乡村振兴赋能的重要手段

农产品智慧物流指的是农产品物流配送过程中广泛运用无线射频、传感器和地理定位系统等物联网技术来提升农产品物流系统的智能化与自动化处理能力,从而显著提升农产品实体物流系统的运行效率。通过农产品智慧物流的发展,帮助解决制约我国农村地区农产品物流企业规模偏小和产品布局紊乱的问题,更好地推动我国农产品物流产业健康发展,从而构建改善农产品物流体系、丰富城乡居民菜篮子、促进产业结构调整、解决农村居民创业与就业问题、促进社会和谐发展的综合物流系统,早日实现脱贫攻坚的目标。

1.1.3.2　产业驱动

1. 物流产业规模不断扩大

随着互联网、大数据以及物联网的广泛应用,我国物流业总体呈现出稳步增长的态势,产业规模不断扩大。2022年经受疫情冲击、需求不足和成本上升多重压力,总体实现了平稳运行,全年社会物流总额预计超过340万亿元,同比增长3.6%左右,增速略高于2020年同期水平;物流业总收入将达12万亿元,同比增长5%左右。铁路、冷链、快递等专业物流领域保持了较高增速。国家铁路全年完成货物发送量39亿吨,同比增长4.7%,增速为近三年来最高;冷链物流市场规模全年预计超过4900亿元,同比增长7.2%左右;快递业务量累计完成1105.8亿件,比上年净增22.8亿件。2023年1月,中国制造业采购经理指数(PMI)重回荣枯线以上,为50.1%,比上月回升3.1个百分点,表明经济回暖势头开始走高。

2. 现代物流基础设施不断完善

随着我国物流固定资产投资的快速增长,现代物流基础设施不断完善。截至2022年底,我国高铁里程达4.2万千米,位居世界第一。全国高速公路里程达到16.91万千米,位居全球第一。目前我国已建成干支相互衔接的水运网络体系,沿海港口整体水平处于世界前列,全国内河通航里程达到12.8万千米,居世界第一。全国港口拥有生产用码头泊位20867个,全国港口拥有万吨级及以上泊位2659个,其中,沿海港口万吨级及以上泊位2207个,内河港口万吨级及以上泊位452个。民用航空机场体系基本建成,定期航班机场达到251个,民航运输安全水平位于世界前列。邮政、快递年业务量均位居世界第一。现已建成以西气东输线、陕京输气为骨架的全国性供气网络,以及中俄、中哈、中缅等骨干输油管道,初步形成了"横跨东西、纵贯南北、连通海外"的全国油气管道骨干网络体系。

3. "互联网+"智慧物流深入推进

随着云计算、大数据和物联网等现代信息技术的广泛应用,以"互联网+"高效物流为特征的智慧物流得到迅速发展,并催生出了一批诸如"互联网+高效运输、智能仓储、便捷配送、智慧物流"的新模式、新业态和新企业。在互联网+高效运输领域,涌现一批互联网+货车调配、货运经纪、甩挂运输等创新物流模式和一批诸如路歌、满帮、卡行天下等具有代表性的新物流企业。在互联网+智能仓储领域,智能仓储在冷链、快递、电商等细分市场得到快速应用和推广,比如顺丰、京东商城、苏宁物流等电商企业,采用智能仓储机器人,提高货物仓储自动化、信息化水平;在互联网+便捷配送领域,诞生了一批如百度、美团等即时配送新模式物流企业,致力于解决"最后一公里物流"症结瓶颈;在互联网+智慧物流领域,可视化技术、无线视频识别、货物跟踪定位等新兴技术广泛应用于物流行业,诞生了一批诸如菜鸟、百度等新兴物流企业,打造出了"物流+大数据+互联网"的智慧物流云平台。

1.1.3.3 技术驱动

智慧物流是依托物联网技术实现的,物联网是其发展的技术基础。智慧物流的技术核心是信息的智能获取、传递、处理和运用,涉及自动识别、数据挖掘、人工智能和地理信息系统四大领域。自动识别是高度自动化的准确的海量数据采集和输入过程,应用于物流运输、仓储、配送等方面;应用数据挖掘方法,通过对物流数据的统计、分析、综合、归纳和推理,揭示物流系统运行的规律,为系统优化提供依据;以神经网络、进化计算和粒度计算为代表的人工智能技术应用于现代物流系统,大大提高了物流各环节的智能性;地理信息系统可将订单、网点、送货、车辆、客户等方面的数据纳入一张图表进行管理,实现快速分单智能化、网点布局合理化、运输路线最优化、包裹监控与管理自动化。

1.1.3.4 政策驱动

2011年8月,国务院在《关于促进物流业健康发展政策措施的意见》中明确提出要推进物流技术创新和应用,加强物流新技术的自主研发,重点支持智能物流关键技术攻关。

2013年10月,国家发改委发布的《全国物流园区发展规划(2013—2020年)》反复强调作为智慧物流要素的物流资源的整合,强调了作为智慧物流设施与技术、物流信息平台、物流金融服务平台等相关智慧物流要素的构建、推广与应用,物流园区将成为物品、信息、物质、资金交流的"大舞台",完全可以承担"抓手"的重任。

2016年7月,国务院常务会议决定把"互联网+"高效物流纳入"互联网+"行动计划。随后,经国务院同意,国家发改委同有关部门研究制定了《"互联网+"高效物流实施意见》,推进"互联网+"高效物流与大众创业、万众创新紧密结合,创新物流资源配置方式,大力发展商业新模式、经营新业态。2016年7月,商务部发布《关于确定智慧物流配送示范单位的通知》,开展智慧物流配送体系建设示范工作。

2017年2月,国务院印发的《"十三五"现代综合交通运输体系发展规划的通知》中提到要实施"互联网+"便捷交通、高效物流行动计划,将信息化、智能化发展贯穿于交通建设、运行、服务、监管等全链条各环节,推动云计算、大数据、物联网、移动互联网、智能控制等技术与交通运输深度融合。

2017年10月13日,国务院办公厅发布《关于积极推进供应链创新与应用的指导意见》,提出要以供应链与互联网深度融合为根本路径,以信息化、标准化、信用体系建设和人才培养为支撑,创新发展供应链新理念、新技术、新模式,打造大数据支撑、网络化共享、智能化协作的智慧供应链体系。

2018年1月23日,国务院办公厅发布的《关于推进电子商务与快递物流协同发展的意见》指出,要深入实施"互联网＋流通"行动计划,提高电子商务与快递物流协同发展水平。强化标准化、智能化,提高协同运行效率。加强大数据、云计算、机器人等现代信息技术和装备在电子商务与快递物流领域应用,大力推进库存前置、智能分仓、科学配载、线路优化,努力实现信息协同化、服务智能化。

2020年8月22日,国家发改委等13部委联合发布《推动物流业制造业深度融合创新发展实施方案》,提出促进工业互联网在物流领域融合应用,发挥制造、物流龙头企业示范引领作用,推广应用工业互联网标识解析技术和基于物联网、云计算等智慧物流技术装备,建设物流工业互联网平台,实现采购、生产、流通等上下游环节信息实时采集、互联共享,推动提高生产制造和物流一体化运作水平。

2020年10月,中国国家铁路集团发布《新时代交通强国铁路先行规划纲要》,提出强化铁路与旅游、文化等产业融合发展,创新旅游专列等定制产品。推动铁路与现代物流融合发展,发展"互联网＋高效物流",推动铁路货运向综合物流服务商转型。

2022年1月12日,国务院发布我国首部数字经济五年发展规划《"十四五"数字经济发展规划的通知》,为智慧物流行业发展奠定了基调。提出大力发展智慧物流,加快对传统物流设施的数字化改造省级,促进现代物流业与农业、制造业等产业融合发展,加快建设跨行业、跨区域的物流信息服务平台,实现需求、库存和物流信息的实时共享,探索推进电子提单应用。建设智能仓储体系,提升物流仓储的自动化、智能化水平。

2022年12月,国务院办公厅发布《"十四五"现代物流发展规划》,提出加强物流公共信息服务平台建设,在确保信息安全的前提下,推动交通运输、公安交管、市场监管等政府部门和铁路、港口、航空等企事业单位向社会开放与物流相关的公共数据,推进公共数据共享。

项目 1.2 智慧物流系统概述

1.2.1 物流系统概述

1.2.1.1 物流系统的基本概念

系统主要指由一组功能相互关联的要素、变量、组成部分或目标组成的统一的整体。系统管理的一般原则是：不是仅仅关注单个变量，而是关注多个变量作为一个整体是如何相互作用的。管理系统的目标是使整体保持有效运行而不仅仅关注某一个组成部分。系统观念是物流管理中的一个关键概念。

物流系统（logistic system）是指由两个或两个以上的物流功能单元构成，以完成物流服务为目的的有机集合体。物流系统的"输入"包括采购、运输、储存、流通加工、装卸、搬运、包装、销售、物流信息处理等物流环节所需的劳务、设备、材料、资源等要素，是其由外部环境向系统提供的过程。物流系统是指在一定的时间和空间里，由所需输送的物料和包括有关设备、输送工具、仓储设备、人员以及通信联系等若干相互制约的动态要素构成的具有特定功能的有机整体。物流系统的成功要素是使物流系统整体优化以及合理化，并服从或改善社会大系统的环境。

1.2.1.2 物流系统的主要特征

物流系统具有一般系统所共有的特点，即整体性、相关性、目的性、环境适应性，具有规模庞大、结构复杂、目标众多等大系统所具有的特征。

1. 物流系统是一个"人—机系统"

在研究物流系统的相关问题时，必须把人和物有机地结合起来。将两者作为一个不可分割的整体加以考察和分析，并始终把如何发挥人的主观能动性放在首位。

2. 物流系统是一个大跨度系统

一是地域跨度大，二是时间跨度大。大跨度系统决定物流系统管理难度较大，对信息的依赖程度也较高。

3. 物流系统是一个可分系统

物流系统可分解为若干个相互联系的子系统。子系统的多少和层次的阶数随着人们对物流的认识和研究的深入而不断增加。系统与子系统之间,子系统与子系统之间,存在着时间和空间上及资源利用方面的联系,并在总体目标、费用及运行结果等方面相互联系。

4. 物流系统是一个动态系统

物流系统是一个具有满足社会需要、适应环境能力的动态系统,受社会生产和社会需求的广泛制约。为适应经常变化的社会环境,必须对物流系统的各组成部分经常不断地进行修改、完善,要求物流系统具有足够的灵活性和可改变性。

5. 物流系统是一个复杂系统

物流系统的运行对象——物,品种繁多,数量庞大;物流经营网点极广,从事物流活动的人员队伍很庞大,整个物流活动占用着大量的流动资金。这些人力、物力、财力资源的组织和合理利用,是一个非常复杂的问题。物流活动始终贯穿着大量的物流信息,如何把信息收集全面、处理好,并使之指导物流活动,也是非常复杂的事情。物流系统边界广阔,范围横跨生产、流通、消费三大领域,亦给物流系统的组织带来很大的困难。

6. 物流系统是一个多目标函数系统

物流系统的总目标是实现宏观和微观的经济效益。但是,系统要素间往往相互矛盾,存在非常强的"交替损益"或"效益背反"现象,如果处理不慎会出现系统总体恶化的结果。要使物流系统的诸方面满足人们的要求,需建立多目标函数,并在多目标中求得物流的最佳效果。

1.2.1.3　物流系统的构成要素

物流系统的构成要素包括一般要素、物质基础要素、功能要素和支撑要素等。

1. 物流系统的一般要素

(1)"人"是物流的主要要素,也是最能动的要素。提高人的素质,是建立一个合理化的物流系统并使其有效运转的根本所在。

(2)"财"是指物流活动中不可缺少的资金。物流服务本身需要以货币为媒介,物流系统的建设也需要大量的资本投入,因此,没有资金也就无法开展物流。

(3)"物"是指物流系统的劳动对象、劳动工具与劳动手段,包括原材料、成品、半成品、能源、动力等各种实物,以及各种物流设施、工具、消耗材料(如燃料、保护材料)等。

2. 物流系统的物质基础要素

(1)物流设施。包括物流站、货场、物流中心、仓库、物流线路、建筑、公路、铁路、港口等。

（2）物流装备。包括仓库货架、进出库设备、加工设备、运输设备、装卸机械等。

（3）物流工具。包括包装工具、维护保养工具、办公设备等。

（4）信息设施。包括通信设施及线路、传真设备、计算机及网络设备等。

（5）组织及管理。它是物流网络的"软件"，起着联结、调运、运筹、协调、指挥各要素的作用，以保障物流系统目标的实现。

3. 物流系统的功能要素

物流系统的功能要素是指物流系统所具有的基本能力，这些基本能力的有效组合、联结便形成了物流的总功能。一般认为物流系统的功能要素有运输、储存保管、包装、装卸搬运、流通加工、配送、物流信息服务等，具体可划分为以下几个层次：

（1）基本物流环节。如门到门运输、储存保管、配送等，这些要素分别解决了供给者及需要者之间场所和时间的分离，其主要功能是创造"场所效用"及"时间效用"，在物流系统中处于主要功能要素的地位。

（2）商务附加价值。如伴随物流发生的订货、结算、单证处理、财务服务等，如有些物流中心或配送中心兼具一些商流功能，这些功能为企业增加了商务附加价值。

（3）劳动服务价值。如包装、装卸搬运、流通加工（加标签）、分拨等，这些功能追加了商品的价值。

（4）信息服务价值。即对内或对外的各种物流信息服务，这些信息也同样能够创造价值。

（5）物流控制系统。即对物流过程的动态管理和控制，通过管理和控制为物流总成本的降低和服务水平的提高创造条件。

4. 物流系统的支撑要素

物流系统的建立需要许多支撑手段，以协调与其他系统的关系。这些要素主要包括以下几个方面：

（1）体制和制度。体制、制度决定了物流系统的结构、组织、领导、管理方式及系统的地位、范畴等，是物流系统的重要保障，有了这个支撑条件，物流系统在国民经济中的地位才能得以确立。

（2）法律和规章。物流系统的运行往往涉及许多权益问题，一方面，法律、规章限制和规范了物流的活动，使它能与更大的系统相协调；另一方面，法律、规章也给物流提供了保障，合同的执行、权益的划分、责任的确定等都需要靠法律、规章来维系。

（3）行政和命令。物流系统和一般系统的不同之处在于，物流系统关系到国家的军事、经济命脉，所以，在非常时期，行政、命令等手段也常常是支持物流系统正常运转的重要支持要素。

（4）标准化系统。标准化系统可以保证物流环节协调运行，是物流系统与其他系统在技术上实现联结的重要支撑条件。

1.2.2 智慧物流系统概述

1.2.2.1 智慧物流系统的基本概念

智慧物流系统是在智慧仓储系统、智能交通系统和相关信息技术的基础上，以电子商务方式运作的现代物流服务体系。它通过智慧仓储系统、智能交通系统和相关信息技术解决物流作业的实时信息采集，并在一个集成的环境下对采集的信息进行分析和处理。通过在各个物流环节中的信息传输，为物流服务提供商和客户提供详尽的信息和咨询服务的系统。

1.2.2.2 智慧物流系统的主要功能

1. 数据收集和输入

物流数据的收集过程中，首先通过子系统从系统内部或外部将信息收集到预处理系统中，并组织成系统所需的格式和形式，然后通过物流系统输入到物流信息系统中。此基本功能是其他功能的前提和基础。

2. 信息存储

物流数据进入系统后，物流系统将其分类和处理，使其成为支持物流系统操作的物流信息。此信息需要分为临时存储和永久存储两类，以供使用。物流信息系统的存储功能是为了确保所获取的物流信息不丢失、不走样、不外泄、整理得当、随时可用。不管是哪种物流信息系统，但凡涉及信息存储，都必须考虑存储量、信息格式、存储方式、使用情况、存储时间、安全性等问题。为了进行数据处理和检索，数据的存储必须考虑到数据的组织。

3. 信息传输

在物流系统中，必须及时将物流数据和信息准确地传输到各个功能链接，并且发挥其功能，这就要求物流信息系统具有克服空间障碍的功能。物流信息系统必须充分考虑要传输的信息类型、数量、频率、可靠性要求和其他因素。

4. 信息处理

物流信息系统最基本的目标是将输入的物流数据处理为物流信息。信息处理可以是简单的查询、排序，也可以是复杂的模型求解和预测。信息处理能力是衡量物流信息系统能力的极其重要的一个方面。所谓物流数据是指不能直接满足物流运作系统的某个部分，但是与之息息相关的，只要通过一系列信息处理就可以满足所需的物流情报。可以直接使用或经过信息处理以在特定操作中起作用的物流情报称为物流信息。

5. 信息输出

物流信息系统的目的是向各级物流人员提供信息。为了便于人员理解，系统输出的形式应易于阅读和理解 直观且引人注目，这是评估物流信息系统的主要标准之一。

1.2.2.3 智慧物流系统的功能结构

1. 智慧仓储系统

智慧仓储系统由智慧仓储信息子系统、仓储管理子系统等组成，其中仓储管理子系统包括进货管理、出货管理、库存管理和存储费用管理等功能模块。该系统可以自动精确地获得产品信息和仓储信息；自动形成并打印入库和出库清单；动态分配货位，实现随机存储；查询产品库存数量、库存位置、库存时间和货位信息；随机抽查盘点和综合盘点；汇总和统计各类库存信息，输出各类统计报表。

2. 智慧运输系统

智慧物流系统的运输服务功能是在现代综合运输体系的基础上实现的，智慧运输系统(Intelligent Transportation System，ITS)技术是完成运输服务的主要手段。智慧运输系统的目标是降低货物运输成本，缩短货物送达时间。其核心是集成各种运输方式，应用移动信息技术、车辆定位技术、车辆识别技术及通信与网络技术等高新技术，建立一个高效的运输系统。

3. 智慧配送系统

智慧配送系统包括智慧配送信息处理子系统、智能配载和送货路径规划子系统、配送车辆智能追踪子系统、智慧客户管理子系统。

4. 智慧包装系统

智慧包装系统主要应用信息型智慧包装技术，通过在包装上加贴标签，如条形码、RFID标签等，一方面利用化学、微生物和动力学的方法，记录在仓储、运输、销售期间，商品因周围环境影响而引起的质量改变，监控产品质量；另一方面可管理被包装物的生产信息和销售分布信息，提高产品的可追溯性。这样顾客能够掌握商品的使用性能及其流动过程，而生产商可以根据销售信息掌握市场动态，及时调整生产、库存策略，缩短整个供应链周期，节约成本。

5. 智慧装卸搬运系统

智慧装卸搬运系统会将装卸货物、存储上架、拆垛补货、单件分拣集成化物品等任务信息收集并传递到智慧决策子系统，决策系统将任务分解成人员、物品需求计划，合理选择与配置装卸搬运方式和装卸搬运机械设备，尽可能减少装卸搬运次数，以节约物流费用，获得较好的经济效益。根据系统功能要求，智慧装卸搬运系统主要由输送机、智能穿梭车、智能装卸搬运信息系统、通信系统、控制系统和计算机管理监控系统等部分组成。

6. 智慧流通加工系统

智慧流通加工系统利用物联网技术和设备监控技术，加强对加工过程的信息管理和服务创新，及时正确地采集生产线数据，实时掌握加工流程，提高加工过程的可控制性，减少生产线上的人工干预，并合理制定加工计划和进度。

7. 智慧物流信息系统

智慧物流信息系统是智慧物流的主要组成部分，它的功能贯穿于物流各子系统业务活动之中，或者说物流信息系统支持着物流各项业务活动。它不仅能将运输、储存、包装、配送等物流活动联系起来，而且还能对所获取的信息和知识加以处理和利用，进而优化和决策。因此智慧物流的信息系统不等同于一般的信息系统，它是整个系统中具有智能意义的神经系统，决定着智慧物流的成败。

1.2.3 智慧物流系统建设

1.2.3.1 智慧物流系统的建设要点

1. 建立基础数据库

建立内容全面丰富、科学准确、更新及时且能够实现共享的信息数据库是企业建立信息化建设和智能物流的基础。尤其是在数据采集挖掘、商业智能方面，更要做好功课，对数据采集、跟踪分析进行建模，为智能物流的关键应用打好基础。

2. 推进业务流程优化

目前企业的传统物流业务流程信息传递迟缓、运行时间长、部门之间协调性差、组织缺乏柔性，制约了智能物流建设的步伐。尤其是物流企业需要以科学发展观为指导，坚持从客户利益的角度出发，以资源的节约保护为出发点，运用现代信息技术和最新管理理论对原有业务流程进行优化和再造。企业物流业务流程优化和再造包括观念再造、工作流程优化和再造、无边界组织建设、工作流程优化(主要指对客户关系管理、办公自动化和智能监测等业务流程的优化和再造)。

3. 重点创建信息采集跟踪系统

信息采集跟踪系统是智能物流系统的重要组成部分。物流信息采集系统主要由RFID射频识别系统和传感器数据处理中心(Savant)系统组成。每当识读器扫描到一个电子编码系统(EPC)标签所承载的物品制品的信息时,收集到的数据将传递到整个Savant系统,为企业产品物流跟踪系统提供数据来源,从而实现物流作业的无纸化。而物流跟踪系统则以Savant系统作为支撑,包括产品生产物流跟踪、产品存储物流跟踪、产品运输物流跟踪、产品销售物流跟踪,以保证产品流通安全,提高物流效率。当然,创建信息采集跟踪系统,要先做好智能物流管理系统的选型工作,其中信息采集跟踪子系统是重点考察内容。

4. 实现车辆人员智能管理

在车辆调度方面,提供送货派车管理、安检记录等功能,对配备车辆实现订单的灵活装载;在车辆管理方面,管理员可以新增、修改、删除、查询车辆信息,并且随时掌握每辆车的位置信息,监控车队的行驶轨迹,可避免车辆遇劫或丢失,并可设置车辆超速告警以及进出特定区域告警;提供监控司机、外勤人员的实时位置信息且可查看历史轨迹;划定告警区域,进出相关区域都会有告警信息,并可设置电子签到,最终实现物流全过程可视化管理。实现车辆人员智能管理,还要能做到高峰期车辆分流控制系统,避免车辆的闲置。企业尤其是物流企业可以通过预订分流、送货分流和返程分流实行三级分流。高峰期车辆分流功能能够均衡车辆的分布,降低物流对资源、自然的破坏,有效确保客户单位的满意度,对提高效率与降低成本问题的解决具有重要意义。车辆人员智能管理也是智能物流系统的重要组成模式,在选型采购上要加以甄别,选好选优。

5. 实现智能订单管理

推广智能物流的一个重点就是要实现智能订单管理,一是让公司呼叫中心员工或系统管理员接到客户发(取)货请求后,录入客户地址和联系方式等客户信息,管理员就可查询、派送该公司的订单;二是通过GPS/GPSone定位某个区域范围内的派送员,将订单任务指派给最合适的派送员,而派送员通过手机短信来接受任务和执行任务;三是系统还要能提供条码扫描和上传签名拍照的功能,提高派送效率。

6. 积极推广战略联盟

智能物流建设的最后成功需要企业尤其是物流企业同科研院校、研究机构、非政府组织、各相关企业、IT 公司等通过签定协议契约而结成资源共享、优势互补、风险共担、要素水平双向或多向流动的战略联盟。战略联盟具有节省成本、积聚资源、降低风险、增强物流企业竞争力等优势，还可以弥补建设物流企业所需资金、技术、人才的不足。

7. 制定危机管理应对机制

智能物流的建设不仅需要企业加强常态化管理，更要求其努力提高危机管理水平。企业尤其是物流企业应在物联网基础上建设智能监测系统、风险评估系统、应急响应系统和危机决策系统，这样才能有效应对火灾、洪水等极端天气，地震、泥石流等自然灾害，瘟疫、恐怖袭击等突发事件对智能物流建设的冲击，尽力避免或减少对客户单位、零售终端、消费者和各相关人员的人身和财产造成的伤害和损失，实现物流企业健康有序的发展。

8. 将更多物联网技术集成应用于智能物流

物联网建设是企业未来信息化建设的重要内容，也是智能物流系统形成的重点组成部分。目前在物流业应用较多的感知手段主要是 RFID 和 GPS 技术，今后随着物联网技术的不断发展，激光、卫星定位、全球定位、地理信息系统、智能交通、M2M 技术等多种技术也将更多集成应用于现代物流领域，用于现代物流作业中的各种感知与操作。例如，温度的感知用于冷链物流，侵入系统的感知用于物流安全防盗，视频的感知用于各种控制环节与物流作业引导等。

1.2.3.4　智慧物流系统的建设步骤

1. 完善基础功能

提高既有资源的整合和设施的综合利用水平，加强物流基础设施在规划上的宏观协调和功能整合，使物流基础设施的空间布局更合理、功能更完善，逐步提高各种运输服务方式对物流基础设施的支持能力、物流基础设施的经营与网络化服务能力以及物流基础设施的信息化水平。

2. 开发智慧物流的模块

智慧物流系统设计可以采取模块设计方法，即先将系统分解成多个部分，逐一设计，最后再根据最优化原则将其组合成为一个满意的系统。在智慧物流感知记忆功能方面，包括基本信息维护模块、订单接收模块、运输跟踪模块、库存管理模块；在智慧物流的规整发现功能方面，主要有调度模块，这是业务流程的核心模块。通过向用户提供订单，按关键项排序、归类和汇总，加上详细的运输工具状态查询等智能支持，帮助完成订单的分理和调度单的制作；智慧物流的创新智慧主要表现在分析决策模块。系统提供了强大的报表分析功能,各级决策者可以看到他们各自关心的分析结果;而系统智慧体现在技术工具层次上的集成、物流管理层次上的集成、供应链管理的层次上的集成、物流系统同其他系统的集成,这些因素共同构成了供应链级的管理信息平台。

3. 确立目标和方案

智慧物流的建设目标包括构建多层次的智慧物流网络体系,建设若干个智慧物流示范园区、示范工程、产业基地,引进一批智慧企业。智慧物流系统的建设步骤包括:搭建物流基础设施平台,加强物流基础功能建设,开发一些最主要的物流信息管理软件,提供服务共享的管理功能和辅助决策的增殖服务功能,进一步完善物流信息平台的网上交易功能。

4. 发现、规整智慧的实施创新和系统的实现

利用传感器、RFID和智能设备来自动处理货物信息,实现实时数据收集和透明度。各方能在准确掌握货物、车辆和仓库等信息的基础上通过对数据的挖掘和商业智能对信息的筛选,提取信息的价值,找出其中的问题、机会和风险,从而实现系统的规整发现智慧。然后利用智能的模拟器模型等手段,评估成本、时间、质量、服务、碳排放和其他标准,评估基于概率的风险,进行预测分析,并实现具有优化预测及决策支持的网络化规划,同时加以执行,从而实现系统的创新智慧和系统智慧。

项目1.3　我国智慧物流的发展

1.3.1　我国物流的发展历程

1.3.1.1　物流功能化阶段（1.0时代）

这主要是指我国改革开放以来至20世纪90年代初期这一阶段。随着国内商品流通和对外贸易规模的不断扩大，生产制造企业开始重视物流的合理化研究和实践，逐步设立专门的物流部门，并慢慢发展为第一方物流企业。

1979年6月，我国物资工作者代表团赴日本参加第三届国际物流会议，回国后在考察报告中第一次引用和使用"物流"这一术语以后，便拉开了我国对物流业的研究和实践的序幕。1989年4月，第八届国际物流会议在北京召开，"物流"一词的使用在我国日益普遍。大型生产制造企业开始设立物流子公司，承担母公司物资的运输任务。

该阶段的发展特点是第一方物流逐步兴起，物流发展靠资源投入驱动。经过发展，业内开始探讨生产资料流通领域的物流理论和实践问题，从一定程度上解决了当时我国物资运输难、仓储难等问题。

1.3.1.2　物流专业化阶段（2.0时代）

这主要是指20世纪90年代初期至21世纪初这一阶段。随着物流业务数量的迅速提升和范围的大幅扩大，第一方物流公司由于规模小、专业性不强，不能满足和适应物流发展需要，第三方物流公司开始兴起。

这一阶段中的典型事件包括1994年我国第一家第三方物流企业——广州宝供成立，随后部分生产制造企业剥离物流业务，成立独立的第三方物流企业。2001年中国物流与采购联合会成立，2005年建立全国现代物流工作部际联席会议制度。

该阶段的发展特点是第三方物流兴起，物流发展靠专业化分工驱动。经过发展，物流逐步从概念转换为一个系统性工程，物流专业性明显提升、运营效率明显提高，物流供给在总量上基本满足物流需求。

1.3.1.3　物流信息化阶段（3.0时代）

这主要是指21世纪初至党的十九大这一阶段。国民经济对物流的需求从"走得了"开始追求"走得经济高效"，客户越发关注产品的动态位置和状态。一些物流企业在进行物流生产活动中,对于现代信息技术的使用日益广泛和深入,物联网技术逐步被应用到物流行业,并发挥了重要作用。

这一阶段中的典型事件包括国家发布《国家中长期科学与技术发展规划纲要》,传感网络已经被国家列为重点研究领域;2009年温家宝总理提出"感知中国",将物联网列为政府重点支持发展的新型产业,并提升到国家战略层面;中国物流技术协会首次提出"智慧物流"的概念;《物流业调整和振兴规划》强调,要积极提高企业的物流管理信息化水平;2010年政府工作报告提出"加快物联网的研发应用";2015年李克强总理在政府工作报告中明确提出"互联网+物流"的行动计划;2016年国务院常务会议部署推进"互联网+"高效物流,随后国家发改委发布《"互联网+"高效物流实施意见》;国务院办公厅发布《关于深入实施"互联网+流通"行动计划的意见》;商务部出台《关于确定智慧物流配送示范单位的通知》;2016中国首届智慧物流高峰论坛举办。

该阶段的发展特点是在"信息化"物流服务成长阶段中,物流发展靠信息化、电子化驱动,先进技术逐步应用到物流行业,并在物流发展中作用越来越大。应用遥感技术解决产品感知互联、跟踪产品流向等问题;应用网络平台技术解决车货匹配、货仓匹配问题;应用供应链管理技术解决物流供应链协同成本过高的问题,提升物流供应链效率。

1.3.1.4　物流智能化阶段(4.0时代)

这主要是指党的十九大以后,"智慧化"运输服务成长阶段。物流市场规模持续扩大,但物流成本依然较高,物流效率有待进一步提升。与此同时,物流行业的新技术、新理念、新业态不断涌现,信息联通、开放共享和转型升级得到普遍认可,智慧物流理念逐步引领行业发展趋势。

这一阶段中的典型事件主要体现在党的十九大报告中明确提出在新时代"加快建设制造强国,加快发展先进制造业,推动互联网、大数据、人工智能和实体经济深度融合,在中高端消费、创新引领、绿色低碳、共享经济、现代供应链、人力资本服务等领域培育新增长点、形成新动能",并指出"加强水利、铁路、公路、水运、航空、管道、电网、信息、物流等基础设施网络建设。坚持去产能、去库存、去杠杆、降成本、补短板,优化存量资源配置,扩大优质增量供给,实现供需动态平衡。"现阶段我国社会的主要矛盾已经发生了变化,物流也随之进入了新时代,而新时代物流将以智慧物流为主导。

该阶段的发展特点是以智能化为主,在万物互联和深化融合的基础上,开发人工智能实现智能配置物流资源,形成智慧物流生态体系。经过发展,社会促进物流业降本增效,提升服务质量,物流过程自动化、透明化,构筑物流生态链。

1.3.2 我国智慧物流的发展现状

1.3.2.1 物流大数据得到广泛应用

物流业未来的发展方向之一是在线化。物流连接呈快速增长的趋势,以信息互联、设施互联带动物流互联,物流互联网的形成正处于关键时期。物流在线化是智慧物流发展的前提条件。

物流在线化产生大量业务数据,使物流大数据从理念变为了现实,数据驱动的商业模式推动产业智能化变革,大幅度提高了生产效率。物流大数据服务对大数据进行处理与分析,挖掘对企业运营管理有价值的信息,从而科学合理地进行管理决策,其典型场景包括以下几点:

(1) 数据共享。实现物流基础数据互联互通,减少物流信息的重复采集,消除物流企业的信息孤岛,提高服务水平和效率,如供应链上下游各方共享货品、车辆等基础数据等。

(2) 销售预测。利用用户消费特征、商家历史销售等海量数据,通过大数据预测分析模型,对订单、促销、清仓等多种场景下的销量进行精准预测,为仓库商品备货及运营策略制定提供依据。

(3) 网络规划。利用历史大数据、销量进行预测,构建成本、时效、覆盖范围等多维度的运筹模型,对仓储、运输、配送网络进行优化布局。

(4) 库存部署。在多级物流网络中科学部署库存,智能预测补货,实现库存协同,加快库存周转,提高现货率,提升整个供应链的效率。

(5) 行业洞察。利用大数据技术,挖掘分析3C数码产品、家电、鞋服等不同行业以及仓配、快递、城市配送等不同环节的物流运作特点及规律,形成最佳实践计划,为物流企业提供完整的解决方案。

1.3.2.2 物流云服务强化保障

物流业未来发展的基本方向是智慧化。依托大数据和云计算能力,通过物流云来高效地整合、管理和调度资源,并为各个参与方按需提供信息系统及算法应用服务,这是智慧物流的核心需求。近年来,京东、菜鸟、百度等纷纷推出物流云服务应用,为物流大数据提供了重要保障。"业务数据化"正成为发展智慧物流的重要基础。物流云服务的典型场景包括以下几点:

(1) 统筹整合资源。整合一些社会的闲置仓库、车辆及配送专员等物流资源,通过仓库租赁需求分析、人力资源需求分析、融资需求趋势分析和设备使用状态分析等,合理配置和实现资源效益最大化。

（2）软件 SaaS（Software as a Service，软件即服务）服务。将 WMS（仓库管理系统）、TMS（运输管理系统）、OMS（订单管理系统）等信息系统进行 SaaS 化，为更多的物流企业提供更快、更多样化的系统服务以及迭代升级。

（3）算法组件化服务。将路径优化、装箱、耗材推荐、车辆调度等算法组件化，为更多的物流企业提供单个或组合式的算法应用服务。

1.3.2.3　协同共享助推模式创新

智慧物流的核心是"协同共享"，这是信息社会区别于传统社会，并将爆发出最大创新活力的理念源泉。协同共享理念克服了传统社会的产权所有观念，通过分享使用权而不占有所有权，打破了传统企业边界，深化了企业分工协作，实现了全球化存量资源的社会化转变和闲置资源的最大化利用。

近年来，"互联网＋物流"服务成为贯彻协同共享理念的典型代表。利用互联网技术和互联网思维，推动互联网与物流业深度融合，重塑产业发展方式和分工体系，为物流企业转型提供了方向指引。其典型场景包括：

（1）互联网＋高效运输。通过搭建互联网平台，实现货运供需信息的在线对接和实时共享，将分散的货运市场有效整合起来，改进了运输的组织方式，提升了运输的运作效率。

（2）互联网＋智能仓储。开发全自动仓储系统，设计智能仓储机器人，完成货物的上架、拣选、打包、贴标签等操作，大幅提高仓储管理的效率和水平。通过仓储信息的集成、挖掘、跟踪与共享，有效实现取货自动化、进出货无缝化和订单处理准确化。

（3）互联网＋便捷配送。借助互联网平台，搭建城市配送运力池，开展共同配送、集中配送、智能配送等先进模式，有效解决"最后一公里"的痛点。

（4）互联网＋智能终端。随着本地生活服务的需要，整合末端人力资源、服务网络和智能终端，实现资源的分布式布局和共享式利用，提升资源利用效率和用户服务体验。

1.3.2.4　物流大脑迅速发展

智慧物流发展进程中可能遇到的最大问题是物流大脑由谁来控制的问题，以人工智能为代表的物流技术服务是解决这一问题的有效途径。基于人工智能系统，应用物流信息化、自动化、智能化技术实现物流作业高效率、低成本，是物流企业较为迫切的现实需求。其中，人工智能通过赋能物流各环节、各领域，实现智能配置物流资源、智能优化物流环节、智能提升物流效率。特别是在无人驾驶、无人仓储、无人配送、物流机器人等人工智能的前沿领域,菜鸟、京东、苏宁等一批领先企业已经开始开展试验应用,具备与国际电商和物流企业从同一起跑线起步的基础。物流技术服务的典型场景包括:

(1) 自动化设备。通过自动化立体库、自动分拣机、传输带等设备,实现存取、拣选、搬运、分拣等环节的机械化、自动化。

(2) 智能设备。通过自主控制技术,进行智能抓取、码放、搬运及自主导航等,使整个物流作业系统具有高度的柔性和扩展性,如拣选机器人、码垛机器人、无人机、无人车等。

(3) 智能终端。使用高速联网的移动智能终端设备,物流人员操作将更加高效便捷,人机交互协同作业将更加人性化。

未来智慧物流借助其连接升级、数据升级、模式升级、体验升级、智能升级和绿色升级的力量助推供应链全方位升级,将深刻影响社会生产与流通方式。利用5G、大数据、物联网、人工智能等技术的智慧物流基础设施服务平台,正在通过平台化资源集聚、智能调度、全链协同,加快服务生产资料和生活资料的高效流通,为工业企业提供协同、高效、低成本的一揽子物流供应链服务,推进制造业转型升级。

1.3.3 我国智慧物流的发展趋势

1.3.3.1 大宗类商品物流有望成为智慧物流发展的关键方向

近年来,与电商、快递物流相比,虽然以大宗商品为代表的生产资料物流具有发展相对缓慢、行业关注度低、物流技术手段落后等问题,但大宗商品种类超千余种,是国民经济的基石,关系着国计民生,因此提升大宗类商品物流的发展空间和潜力、使大宗类商品物流朝智慧化方向发展,是未来大宗类商品物流,也是智慧物流发展的必然趋势。

1.3.3.2 建设以绿色低碳为基础的全链数字化智慧物流体系

随着中国物流的快速增长,智慧物流的发展正在从单点信息化向全链数字化方向转变,同时由于碳排放增长量与物流运行发展也呈现较强的关联性,因此需要将可持续发展、绿色物流、低碳排放等理念贯穿于全链数字化的各环节中,在提高供应链要素利用率的同时,还需要持续关注碳排放对环境的影响。

1.3.3.3 智慧物流发展高效物流新模式

目前高智能、全覆盖、高柔性是未来智慧物流行业发展的方向,但目前我国智慧物流仍存在政府支持力度不够、监管机制不完善、技术应用范围不广、专业人才缺乏等问题,为了使智慧物流更加成熟,需要对发展方向、人才培养、政策支撑等多方面提出相应的建议,以促进智慧物流的健康发展。

知识练习

单选题

1. 智慧物流是依托（　　）实现的。
   A. 信息流　　　B. 交通运输　　　C. 国家政策　　　D. 物联网
2. 2018年1月23日,国务院办公厅发布《关于推进电子商务与快递物流协同发展的意见》,意见指出,要深入实施（　　）行动计划。
   A. 快递物流　　B. "互联网+流通"　　C. 科学配载　　D. 深度融合
3. 我国物流的发展历程有（　　）个阶段。
   A. 3　　　　　B. 4　　　　　C. 5　　　　　D. 6
4. （　　）奠定了智慧物流的前提条件。
   A. 物流在线化　B. 数据共享　　C. 网络规划　　D. 行业洞察

多选题

1. 智慧物流的特征包括（　　）。
   A. 数字互联　　B. 协同共享　　C. 精准高效　　D. 持续改进
2. 智慧物流的架构包括（　　）。
   A. 有效融合　　B. 物流体系　　C. 大数据网　　D. 先进技术
3. 智慧物流发展驱动力包括（　　）。
   A. 需求驱动　　B. 产业驱动　　C. 政策驱动　　D. 技术驱动
4. 物流云服务的典型场景包括（　　）。
   A. 统筹整合资源　　　　　　B. 软件SaaS服务
   C. 算法组件化服务　　　　　D. 库存部署

简答题

1. 什么是智慧物流?
2. 简述智慧物流的作用。
3. 简述"互联网+物流"服务的典型场景。
4. 简述物流技术服务的典型场景。

实践练习

关于城市智慧物流发展状况的调研

实践目的

1. 了解并分析所在城市智慧物流的发展现状。
2. 分析所在城市的智慧物流发展的政策基础、市场基础、技术基础等。
3. 为所在城市未来的智慧物流发展提供几条合理化建议。

实践组织

以小组为单位,采用网络调研和现场调研结合的方式,发布调研问卷,收集问卷并撰写调研报告。

实践内容

以学生所在城市为基础,选择商业区、工业区、生活区或其他产业服务区域开展智慧物流发展的基础、现状和未来趋势的调研。

考核要求

1. 小组合作,分工合理。
2. 内容分析详实,有数据、图表。
3. 合理化建议表述清晰,可操作性强。

项目 2　智慧物流创新技术

 学习目标

- 了解感知技术、大数据技术、互联网+技术和人工智能技术等技术背景
- 掌握不同智慧物流创新技术的基本概念和类型
- 掌握不同智慧物流创新技术的主要特征和主要功能
- 理解不同智慧物流创新技术的典型应用场景
- 深刻体会"把科技自立自强作为国家发展的战略支撑"的现实意义

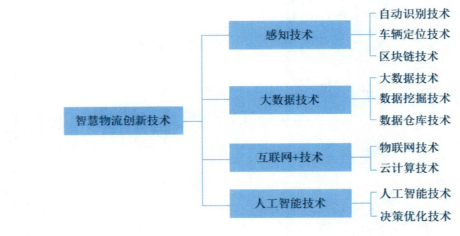

北斗民用示范引领物流产业创新

在田间耕作的无人农机、远洋捕捞的渔船、手机里的导航软件……在越来越多的导航定位场景中，藏着一颗同样的中国芯——"北斗"。中国卫星导航定位协会公布的数据显示，截至2020年底，国产北斗兼容型芯片及模块销量已超过1.5亿片，季度出货量突破1000万片，具有北斗定位功能的终端产品社会总保有量超过10亿台，北斗系统产业链国内产值达到4033亿元。

在货运平台建设和发展过程中，形成了基于北斗系统的一系列核心技术和专利。2021年，中交兴路研发的核心专利"车辆上报信息的处理方法和装置"被北京市政府授予发明专利一等奖。该专利实现了北斗定位营运车辆轨迹完整率、准确率超过95%，为物流数字化提供了高精准度、高稳定性的底层能力。

随着北斗技术的持续创新，北斗行业应用也在不断拓展。目前，全国已有800多万辆道路营运车辆、4万辆邮政和快递车辆、36个中心城市的8万辆公交车、3200座内河导航设施、2900座海上导航设施使用北斗。全国4万余艘渔船已安装北斗，累计救助渔民上万人；借助北斗系统，突发重大灾情上报时间缩短至1小时内，应急救援响应效率提升2倍；基于北斗的物流数字化体系，助力我国货车空驶率下降5%左右，年均节省上千亿元的燃油损耗，减少1000多万吨碳排放；基于北斗的高精度服务已用于精细农业、危房监测、无人驾驶等领域。

项目2.1 感知技术

2.1.1 自动识别技术

2.1.1.1 自动识别技术的概念

根据《物流术语》(GB/T 18354—2021),自动识别技术指对字符、影像、条码、声音等记录数据的载体进行机器自动辨识并转化为数据的技术。它以一定的自动识别装置为基础,可以采集到物体的相关信息,同时将这些信息传递到处理系统进行同步处理。自动识别技术的大规模运用,已经改变了传统物流主要依靠人工采集、识别物流信息的局面,提高了系统集成度,从而大大提升了物流效率。

一般来说,物流智能技术系统中的自动识别技术应包括条码识别技术、射频识别技术(RFID)、智能卡识别技术、光字符识别技术、生物识别技术。在实际工作中运用得最多的为射频识别技术。

2.1.1.2 主要的自动识别技术

1. 条码技术

根据《物流术语》(GB/T 18354—2021),条码指由一组规则排列的条、空组成的符号,可供机器识读,用以表示一定的信息,包括一维条码和二维条码(如图2.1所示)。一维条码是仅在一个维度方向上表示信息的条码符号,二维条码是在两个维度方向上都表示信息的条码符号。

图2.1 条码

相对于其他识别技术,条码技术在输入速度、信息含量、识别准确度、成本和可靠性等方面具有相对优势,这使得条码技术成为在实际工作中应用得最为简洁方便,并可以提高物流效率的自动识别技术。条码技术作为一种传统的、经济实惠的自动识别技术,虽然相对简单,但是具有强大的生命力。它在实际工作中表现出的低成本、使用便捷的特点,使其能够满足我国物流行业信息化的基本要求,成为物流智能技术系统中最底层的手段,从而具有最广泛的市场空间。

2. RFID技术

RFID技术是无线电射频技术(Radio Frequency Identification)的英文简称,该技术主要借助于磁场或者是电磁场原理,通过无线射频方式实现设备之间的双向通信,从而实现交换数据的功能。该技术最大特点就是不用接触就可以获得对方的信息,ETC就是比较典型的应用场景之一。RFID技术常用的无线电波频段主要包括低频、高频、超高频和微波几个频段。

RFID系统主要由读阅读器、电子标签和数据管理系统三个部分组成。当电子标签处于阅读器的识别范围内时,阅读器发射特定频率的无线电波能量,电子标签将接收到阅读器发出的射频信号,并产生感应电流。借助该电流所产生的能量,电子标签发送出存储在其芯片中的信息。这类电子标签一般称为无源标签或被动标签,或者由标签主动发送某一频率的信号到阅读器,这类电子标签一般称为有源标签或主动标签。阅读器接收到电子标签返回的信息后,便开始进行解码,然后送至相关应用软件或者数据管理系统,继而进行数据处理。

物流中心通过使用RFID技术,可以使货物在物流中心的运动过程得到有效跟踪。通过分布在仓库中的信号接收器,可以读取货物本身的信息,这样可以实时、准确地将商品流通数据记录进入主机系统,这样的信息系统增加了物流过程的可视性,有助于物流中心对其货物进行合理计划,大大提升了叉车、搬运车等设备的使用效率(如图2.2所示)。RFID技术可以提供快速准确的信息,使电商企业在短时间内对市场做出快速的反应,从而增强了电商企业对市场的反应能力。

2.1.1.3 自动识别技术的典型应用场景

1. 产品进货物流中的应用

产品通过在空间上从生产地到消费场所进行转换,使得消费者的需求能得以满足,这就是产品的流转环节。产品在流转过程中使用数据采集器来收集产品的信息,这其中包括产品的品种和数量,对应每个产品的唯一标识。在产品入库时,工作人员读取标签就能够完成商品的交接入库,与此同时在数据库中保存商品的存储信息便于库存货物的物流管理。

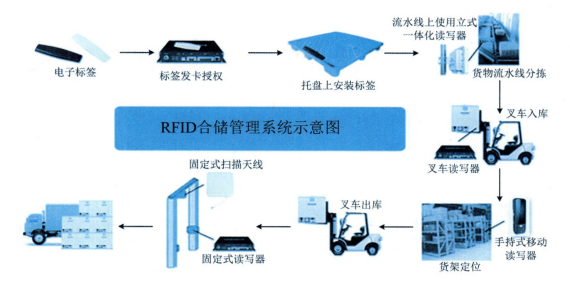

图2.2 RFID技术在现代化仓储管理中的应用

2.库存管理中的应用

传统的仓储系统中对于货物的管理工作大多使用人力进行,常用手工书写票据的方式来对货物的进出进行记录,这使得记录的精确性很难得到保证。通过使用自动识别技术,使货物信息通过计算机进行处理,从而使记录商品的库存信息更加准确,大大减少了人工操作的误差。对于货物的移位信息,经过条码识读使库房的信息能够实时更新,从而有效提高库存工作的效率和准确性,进而降低库存成本,使仓库能够快速地响应市场。

3. 运输物流中的应用

随着电子商务的快速发展,使得大批量货物需要及时准确地分拣、装运,然后运输到客户手上。物流工作人员可以通过在货物上预先贴上的条形码或加载的电子标签,利用扫描器读取,就能快速分拣物品并准确地自动分拣到特定的运输工具上。

2.1.2 车辆定位技术

2.1.2.1 车辆定位技术的概念

车辆定位技术主要应用于车辆定位及货物追踪系统。该系统可为中小物流企业提供对其自有车辆进行监控调度和货运管理的服务,并且为中小物流企业和货主提供货物跟踪支持功能,参与系统的会员企业只需购买GPS/GSM智能车载单元即可为客户提供相应的物流状态跟踪服务。

2.1.2.2　车辆定位技术的主要功能

车辆定位系统的主要功能包括实施监控、轨迹回放、报警管理、远程控制、统计报表和系统管理(如图2.3所示)。

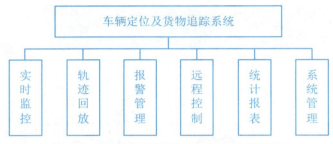

图2.3　车辆定位及货物追踪系统功能框架图

1. 实时监控

(1) 车辆实时监控

车辆实时监控功能主要为物流企业、政府部门和用户提供实时监控的功能,掌握车辆的实时位置信息、车辆状态信息等。车辆定位流程如图2.4所示。车辆的实时监控功能可以有效地让运输企业了解和掌握驾驶员的驾驶行为,并且实时检测车辆的运行信息,也能在突发紧急事件时为政府部门的指挥工作提供依据。

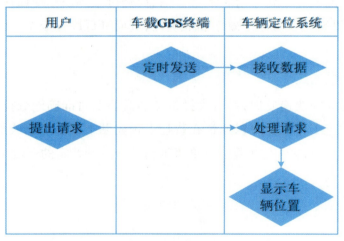

图2.4　车辆定位流程

(2) 货物跟踪监控

货物实时监控功能主要适用于货源单位和物流企业。用户通过实时监控的功能可以掌握货物的实时位置信息、货物状态信息等,从而更清晰地掌握了解货物位置、货物状态、监督运输过程,为制定生产决策等提供依据。

2. 轨迹回放

轨迹回放功能主要供物流企业和货源单位使用,它们通过轨迹回放,可以了解车辆或货物运行的历史情况,查看、监督所属车辆和驾驶员的工作情况,从而使得货主了解货物运输情况,便于监督物流企业的整个运输过程。回放时用户可以自定义电子地图,回放过程中用户可以根据情形来调节回放速度,同时系统会在轨迹信息中详细显示每个轨迹点的具体信息。

3. 报警管理

报警管理功能面向车主和物流企业,通过报警管理功能模块,用户可以事先设定各种触发警报的条件,如盗车报警、断电报警、越界报警、超速报警、温度报警等。一旦车辆的状态超出设定范围时,系统会自动向用户发送警报信息,这些设定条件包括车辆位置、报警原因等,这样就可以使用户更快掌握车辆和货物的当前信息,以便对突发状况尽快提出解决方案。

4. 远程控制

远程控制功能主要供物流企业使用。该系统为物流企业提供对车机呼叫、车机参数回复设计、车机限拨号码限制、遥控车辆熄火、监听车内状况等功能,以便物流企业能及时了解车辆状况、控制调度车辆行程、处理突发事件等。

5. 统计报表

统计报表功能主要供物流企业和政府部门使用,该系统为用户提供车辆情况统计报表、驾驶情况统计报表、警情信息统计报表等服务。该系统能够有效帮助物流企业掌握车辆、司机的工作情况,对企业制定工作计划、监督司机的工作行为等起到辅助参考作用。政府部门通过统计报表的使用可以了解企业的生产行为,加强对企业的监管。

2.1.2.3 车辆定位技术的典型应用场景

1. 老人/小孩及宠物看护

人与宠物都有自主意识,其行动有很高的偶然性,无法事先预估,所以需要实时对他们的位置信息进行采集。全球导航卫星系统(Global Navigation Satellite System,GNSS)以及蓝牙定位比较适用于这类应用场景。GNSS定位解决方案适合室外环境,而蓝牙定位则能够满足养老院、托儿所、宠物托管所/宠物医院等适合布局蓝牙网关的室内定位解决方案。

2. 车联网/无人机

目前卫星定位早已是汽车的标配,而无人机以及自动驾驶等新型概念也都需要非常精准的位置信息才能实现,车辆定位技术是最成熟的一个应用,而近些年来,车联网的定位需求已经从室外延伸到了室内,如车辆进入地下停车场后就需要将室内外定位场景进行切换,所以高精度GNSS结合蓝牙室内定位方案比较适合这类应用场景。

3. 人员/资产管理

这类应用场景涵盖内容比较广泛,如工厂与实验室的人员进出、医院病人监护以及医疗设备管理、监狱人员看管等。虽然从大类上来说,都是人员或者资产的管理,但不同应用场景的具体需求也不同,需要的技术也有所差异。蓝牙/超宽带(Ultra Wide Band,UWB)定位比较适用于这类应用场景。例如,对于一般的资产管理,采用RFID/蓝牙室内定位方案便可以实现;而对于精度要求高的监狱看管场景,则多采用UWB定位;在精度要求不是很高的商场或者办公楼里,采用蓝牙进行管理也比较合适。

4. 高危环境的人员与设备管理

此类应用场景虽然范围不大,但是因为环境的特殊性,所以对于定位技术的要求比较严格,如矿井或隧道里的施工、高温环境作业、电力巡检等,UWB定位比较适用于这类应用场景,这也是定位技术天然适用的一个场景。

5. 共享的移动设备

共享经济在最近几年快速崛起,对于共享平台来说,最核心的就是对旗下设备进行实时的管理,才能实现商业价值。对于移动的共享设备,定位管理就非常重要,共享单车、共享汽车莫不如是。所以GNSS定位就比较适用于大范围的移动共享设备的管理。

2.1.3 区块链技术

2.1.3.1 区块链技术的概念

区块链技术是一种不依赖第三方、通过自身分布式节点进行网络数据的存储、验证、传递和交流的技术方案。从会计的角度来看,区块链技术是一种分布式、开放性、去中心化的大型网络记账簿,可以保存任何需要的信息,任何人都可以通过区块链技术实现同步信息存取。

区块链技术是互联网发展到一定程度上最具颠覆性的技术创新,它依靠密码学和数学的巧妙分布式算法,在很难获得信任关系的互联网上,可以在不借助任何第三方中心的介入情况下达成参与者的共识,这样就可以用很低的成本解决信任与价值的可靠传递难题。

2.1.3.2 区块链技术的主要特征

1. 去中心化

区块链技术可以实现不依赖额外的第三方管理机构或硬件设施,没有中心管制,除了自成一体的区块链本身,通过分布式核算和存储,各个节点之间的互相信息验证,实现了信息的自我验证、传递和管理。去中心化是区块链最突出、最本质的特征。

2. 开放性

区块链技术的基础是开源的,除了交易各方的私有信息被加密外,区块链的数据对所有人开放,任何人都可以通过公开的接口查询区块链数据和开发相关应用,因此整个系统中的信息高度透明。

3. 独立性

基于协商一致的规范和协议(类似比特币采用的哈希算法等各种数学算法),整个区块链系统不依赖其他第三方,所有节点能够在系统内自动安全地验证、交换数据,不需要任何人为的干预。

4. 安全性

只要不能掌控全部数据节点的51%,就无法肆意操控修改网络数据,这使区块链本身变得相对安全,避免了主观人为的数据变更。

5. 匿名性

除非有法律规范要求,单从技术上来讲,各区块节点的身份信息不需要公开或验证,信息传递可以匿名进行。

2.1.3.3 区块链技术的典型应用场景

快递物流行业中所涉及的商流、物流、资金流和信息流等多流融合的业务场景非常适合区块链技术发挥其价值和效果。应用区块链技术可以显著提高快递物流行业中结算业务的处理速度及效率,有效解决物品的追溯防伪问题,充分保证信息安全以及寄、收件人的隐私。

1. 快递保价

保价属于合约的概念,当客户对包裹进行正常签收后,会自动触发账户理赔,合约正常结束,保费自动清算结束。当出现问题件或遗失件的时候,就会触发保险公司的理赔流程。围绕保价场景,快递公司进行商品运输,保险公司提供商品保价,商家提供商品销售,卖家购买保价服务,政府进行行业监管,商品的物流详情、账户、身份、理赔、其他参考数据等信息被记录在区块链上。

2. 公益快递

对于公益活动,比如"一分钱"活动,快递公司从每个公益包裹的费用中拿出一分钱捐赠给公益组织。在此场景中,快递公司依然承担商品运输工作,公益组织提供公益活动执行工作,扶贫商家进行公益扶贫商品销售等。在这一场景中,区块链里记录的就是商品的物流详情,包裹签收后就会将信息记录到区块链上,自动触发捐款从物流公司的公益账户转移到公益组织的账户上。当公益活动结束后,整个流程是公开透明的,能够减少大众对社会公益活动的不信任感。

3. 行业黑名单共享

目前来看,快递从业人员的黑名单还是以线下模式为主。通过区块链技术,快递公司可将从业人员黑名单记录到区块链上,其他公司也可以查询,而且数据不可以被修改,并能够追溯该人员曾就职的公司、曾进行的不恰当行为等信息。

4. 邮政寄递渠道安全事件监管

很多快递公司会装置安检机,政府也希望对每家物流公司的运输安全隐患进行监管。通过分布式记账的模式,当快递公司遭遇安全事件时,公司能够将安全事件的有效信息记录于区块链上,使得监管机构可以实时监控且不可篡改相关信息。

项目2.2　大数据技术

2.2.1　大数据技术

2.2.1.1　大数据技术的概念

大数据是指无法在一定时间范围内用常规软件工具进行捕捉、管理和处理的数据集合,是需要新处理模式才能具有更强的决策力、洞察发现力和流程优化能力的海量、高增长率和多样化的信息资产。

大数据技术是指大数据的应用技术,涵盖各类大数据平台、大数据指数体系等大数据应用技术。

2.2.1.2　大数据技术的主要功能

1. 数据传输与共享

大数据技术支持下的智慧物流,首要解决的问题就是保证企业物流信息流畅通。这个问题的解决主要需要实现企业供货方、采购方、物流企业和政府工商部门等的信息交换和共享。这些数据存储在企业各自的各类数据平台中,需要将信息、商品发布及运输监控系统中的数据整合在一起,整合中最大的困难就是要解决不同部门、不同平台数据异构的问题。

2. 物流信息实时管理

在卫星定位技术、大数据技术和物联网技术的合力支持下,智能运输调度、货物追踪以及物流安全监控功能很容易实现。借助物联网技术实时采集车辆和货物数据,然后将其上传至智慧物流信息平台商,最后运用优化数据算法实现车辆优化调度和货物自动跟踪处理。通过对货运车辆实时监听、监控,可以使得被监控车辆的安全系数大幅度提高,全方位保障车辆运输的安全性。

3. 数据收集与分析

基于云平台的数据分析,是指对于实时收集的物流数据实施模糊分析、数理统计模型和数据挖掘技术,能够较为深入地挖掘有助于企业决策的信息,如可用于物流数据统计分析、最佳配送路径分析、物流经济发展趋势预测等。京东商城在使用大数据技术的时候,可以实时演示物流数据信息,及时地了解物流系统的运行状况,实时地分析整个运输过程,能够预估和缩短企业的送货时间,为建立可行的站点提供合理的建议,最后将配送路程进行优化处理。

2.2.1.3 大数据技术的典型应用场景

物流系统能够产生大量业务数据,合理地分析和处理物流大数据能够驱动商业模式发展,推动产业智能化变革,大幅度提高生产效率。通过对物流数据进行有效处理与分析,大数据技术能够发掘出对物流运营有价值的信息,从而为科学合理地进行管理决策提供科学依据,满足物流企业的普遍需求,其典型场景具体如下。

1. 数据共享

供应链上下游各方对货物、车辆等基础数据的共享,可以避免物流信息的重复采集,消除物流企业的信息孤立,实现物流基础数据互联互通,提升物流服务水平和效率。

2. 销售预测

收集商家历史销售、用户消费特点等海量数据,使用大数据预测分析模型,对订单、促销、清仓等多种场景下的销量进行精准的预测,可以为企业的库存和运营策略的制定提供科学依据。

3. 网络规划

利用历史大数据、销量预测等,构建成本、时效、覆盖范围等多维度的运营模型,可以对仓储、运输、配送网络进行布局的优化。

4. 库存部署

在多级物流网络中科学部署库存,智能预测补货周期,可以实现库存协同,加快库存周转,提升库存流转率,提高整个供应链的效率。

5. 行业分析

利用大数据分析技术,挖掘分析电子、家电、服装等不同行业及其仓配、快递、城配等不同环节的物流运作特色和规律,总结经验,为物流企业提供有价值的整体解决方案。

2.2.2 数据挖掘技术

2.2.2.1 数据挖掘技术的概念

随着物联网、移动互联网的迅猛发展,所产生的数据呈指数级增加,可以说我们现在已处于信息数据过载的时代,这就需要对数据挖掘系统提出很高的要求。

云计算系统可以使分布在不同计算机系统中的数据集中在一个统一的云端,方便各种应用系统的数据获取。由于其自身所携带的可弹性的计算能力和海量的网络存储能力,云计算得以成为解决海量数据挖掘的有效方法。

数据挖掘也称数据库中的知识发现过程。这个过程是指在对大量不完全的、随机的、模糊的、有噪声的数据梳理中,发现所具有的潜在实用价值或者新颖、有效的信息,并将这些信息表示为模式、概念、规律、规则等形式的过程。数据挖掘的目标就是从海量信息中提取有效信息,归纳总结数据间的关系,尤其是来源于不同数据库的数据之间的关系。

2.2.2.2 数据挖掘技术的主要功能

1. 数据收集处理

在进行数据收集和处理时,第一步要通过决策树的判别来区分出是机器人访问数据还是实际用户访问数据,第二步要将海量数据进行过滤、转换、清洗、整合,并转化成半结构化的文件保存。现在主要通过一个模式来收集数据,但开发工具尚不够完善,还需要结合分形维数和其他技术方法来完善这个体系,这是未来数据收集收理主要的发展方向。

2. 数据存储

云计算系统运用最广泛的数据存储方式是分布式存储策略,即将同一个数据存储为多个副本,从而保证数据的可靠性。但这不能简单地理解为冗余复制,云存储系统还要有错误隔离、心跳检测等措施。

2.2.2.3 数据挖掘技术的典型应用场景

1. 店铺选址

结合新店址所在区域、商圈的人口密度、消费水平、消费习惯、商圈口碑、同区域的老店铺历史销售额等数据,使用算法训练模型,预测出新店未来某个时间范围的年度销售额、季度销售额、月度销售额。企业根据预测销售额来开展新店址选择业务,并且根据中间结果做相应的成本投入安排以及销售额调控措施,帮助企业在降低成本的同时提升企业收益,使企业达到利益最大化。该技术适用于服装、鞋靴、珠宝、美食等拓店速度快、拓店数量大的企业。

2. 质量检测

企业结合历史生产各种质量产品对应的原材料数据、生产流程数据、生产参数数据以及最终产品质量数据等,使用算法训练模型,找出与最终产品质量相关的因素以及对最新出产的产品进行质量检测判断,淘汰不合格的产品,以此提高产品的生产质量和效率。该技术适用于军工、制药、轮胎、汽车等对质量有较高要求的制造业企业。

3. 精准营销/个性化推荐

企业对用户开展基于用户基本属性、LBS属性、业务属性、行为属性、特征人群属性、用户分级属性、兴趣偏好属性等属性的用户画像,之后使用各种算法,经过推荐召回和推荐排序给用户推荐其当前最想要、最需要、最满意的产品,从而减少用户选择的时间以及提升交易成功率。这样,企业能够针对特定人群开展当前时间最适合的促销等活动,企业通过个性化推荐给每个用户推荐不同的商品以及开展一系列营销活动,能够使企业的销售额、成交率、利润率、好评率、回头客数量等都有明显的提升。该技术适用于电商、超市、大型商场等从事B2C销售以及部分B2B销售企业。

4. 智能排产/库存调节

以超市生鲜为例,基于超市生鲜历史销售数据、天气数据、日期数据、客流量数据等使用算法建模,预测出未来天粒度、周粒度、月粒度的生鲜销量,超市可根据未来销量开展库存调配与生鲜进货等工作。这样可以使超市生鲜内产品销售额较之前有所上升,运营成本、材料成本等有非常大的降低幅度,从而使超市的收益有明显提升。该技术适用于制造业类企业、供货商、销售终端等处于供应链管理内的企业。

5. 购物篮分析

企业分析历史交易数据、购物清单,通过算法分析出商品之间的关联关系,比如购买了A商品的用户基本都买了B商品,则即使A、B商品属于不同种类,也可以将两者放在一起售卖,提高购买率。这样能够达成用户买了A商品而不用去其他位置就能购买B商品,或购买了A商品后本来想不起购买B商品却得到购买B商品提醒的效果。该技术适用于超市、商场等涉及货物摆放的企业。

2.2.3　数据仓库技术

2.2.3.1　数据仓库的概念

数据仓库技术大约出现在20世纪80年代中期,这是一个面向主题的、集成的、非易失的、时变的数据集合。数据仓库系统的目标是使来源、结构不同的数据经加工后,能在数据仓库中存储、提取和维护。数据仓库技术能支持全面的、大量的复杂数据分析处理,为高层次的决策提供支持。数据仓库的使用者拥有任意提取数据的自由,同时不干扰业务数据库的正常运行。

2.2.3.2　数据仓库的技术特征

1. 面向主题性

主题是一个抽象的概念,主要是指企业决策层所关心的较为宏观的分析对象,企业往往要依据某一主题的要求对相关数据进行综合、归类。与其相对的是面向应用的数据组织方式,也就是说,这种对分析对象数据的描述,是按照主题进行数据组织的,具有更高的数据抽象级别。

2. 集成性

首先,数据仓库的集成性要面临的问题是源数据分散存在于原有数据库的不同地方,并且这些数据来源于不同的系统,数据都有各自不同的应用逻辑。其次,集成性是指数据在进入数据仓库前要经过统一梳理,使整个入库数据的口径得到统一。这是一个复杂的处理过程,要遵从统一的主题要求。总体来说,数据仓库的集成性就是指运用数据仓库技术,将分散在原有数据库中,且不能直接读取合成的数据从原有数据库系统中抽取出来,经过一定规范化的处理后,待数据进入数据仓库后再根据主题要求进行综合。

3. 不可更新性

数据仓库的数据是一定时间内的数据集合,是不同时间点的数据汇集,这些数据不同于联机处理的数据。数据仓库的数据一般用来为企业决策提供分析,因此这些数据所涉及的主要操作是数据查询。

大量经过加工后的数据会集成进入到数据仓库中,因此数据仓库的数据会不断累积。数据仓库管理系统要适应这种不断增加的数据模式,要对整个系统进行简化处理,从而优化流程。数据库管理系统基于数据处理的各种方式,必须通过有效的方法和技术,来保证数据处理的高效性和准确度,如完整性保护、并发控制等。这些都是在数据仓库中没有必要进行的。此外,鉴于数据仓库的查询数据量巨大,这就要求数据仓库采用各种复杂的索引技术。互联网技术下的数据仓库多数是直接面向终端用户的,为了客户使用的便利性,甚至允许终端用户直接调用数据库处理命令进行数据的处理加工。因此,互联网技术下的数据仓库页面要考虑用户的体验,操作界面要具有友好性。而普通的数据仓库一般直接面对专业的编程技术人员,因此对于操作界面的友好性是不需要考虑的。

4. 历史数据的处理逻辑

数据仓库的数据会不断增加新的数据,需要一个对于历史数据的处理逻辑来对所有数据进行优化。首先,新增数据入库的逻辑要根据时间顺序按原始状态入库,如果原先业务出现变更数据,也同样进行新增,不变更原有数据。其次,对于可能过期的数据,要鉴于容量的限制设定一个日期阈值,如数据超期则进行删除。最后,对于重要的、不能删除的历史数据,要定期进行重新综合。

2.2.3.3 数据仓库的主要功能

数据仓库的主要功能是将组织通过系统经过联机事务处理(OLTP)累积的大量资料,利用数据仓库理论所特有的资料储存架构,进行系统的分析整理,利用各种分析方法如联机分析处理(OLAP)、数据挖掘(DataMining)等进行,进而支持如决策支持系统(DSS)、主管资讯系统(EIS)的创建,帮助决策者能快速有效地在大量资料中,分析出有价值的资讯,来进行决策拟定及针对外界环境变化的快速反应,帮助建构商业智能(BI)。具体包括以下功能。

1. 支持数据提取

数据提取可以支撑来自企业各业务部门的数据需求,由之前的不同业务部门给不同业务系统提需求转变为不同业务系统统一给数据仓库提需求,避免烟囱式开发。

2. 支持报表系统

基于企业的数据仓库,向上支撑企业的各部门的统计报表需求,辅助支撑企业日常运营决策。

3. 支持数据分析

从许多来自不同的企业业务系统的数据中提取出有用的数据并进行清理,以保证数据的正确性,然后经过抽取、转换和装载,即ETL过程,合并到一个企业级的数据仓库里,从而得到企业数据的一个全局视图。在此基础上,利用合适的查询和分析工具、数据挖掘工作、OLAP工具等对其进行分析和处理,最后将可以辅助决策的知识呈现给管理者,为管理者的决策过程提供支持。

4. 支持数据挖掘

在数据仓库中应用高级智能计算技术,让计算机在无人指导的情况下从海量数据中发现潜在的、有用的模式(即知识)。

5. 支持数据应用

物联网基于位置数据的旅游客流分析及人群画像,通信基于位置数据的人流监控和预警,银行基于用户交易数据的金融画像应用,电商根据用户浏览和购买行为的用户标签体系及推荐系统,征信机构根据用户信用记录的信用评估,出行基于位置数据的车流量分析、调度预测,这些都是数据应用的具体表现。

项目2.3　互联网+技术

2.3.1　物联网技术

2.3.1.1　物联网的概念

物联网(Internet of Things, IoT)是指通过信息传感器、射频识别技术、全球定位系统、红外感应器、激光扫描器等各种装置与技术,实时关注任何需要监控、连接、互动的物体或过程,采集其声、光、热、电、力学、化学、生物、位置等各种需要的信息,通过各类可能的网络接入,实现物与物、物与人的广泛连接,实现对物品和过程的智能化感知、识别和管理。物联网是一个基于互联网、传统电信网等的信息承载体,它让所有能够被独立寻址的普通物理对象形成互联互通的网络。

2.3.1.2　物联网技术的特征

从通信对象来看,物联网技术主要是物与物以及人与人之间的信息交互。物联网的基本特征为整体感知、可靠传输和智能处理,主要可以体现在以下三个方面。

1. 整体感知(互联特征)

将需要联网的"物"接入一个能够实现互联互通的互联网络,利用射频识别、智能传感器、二维码等感知设备获得物体的信息。

2. 可靠传输(识别与通信)

纳入物联网的"物"要具备自动识别与物物通信(M2M)的功能,即通过对互联网和无线网络的综合使用,可以对物体的信息进行有效、准确和实时传输,方便信息的共享和交流。

3. 智能处理

网络系统应具有自动化、自我反馈与智能控制的特点。使用智能技术对感知和传输的信息数据进行分析,从而实现控制监督智能化。

2.3.1.3　物联网技术的典型应用场景

物联网技术最重要的应用领域就是物流,物流的智慧化主要基于物联网技术。作为国民经济发展的十大支柱性产业之一,物流业要实现融合和促进其他产业发展,满足越来越高的人民物质需求。要实现智慧物流，就必须依赖于物联网技术的全面应用。

1. 电子商务+物联网

电子商务的蓬勃发展是推动物流运作水平提高的不竭动力，推动物流进入智能化新阶段。物流系统的自动化和信息化能力的提升，促进了电子商务的进一步发展。电子商务的物流为物联网技术提供了良好的应用环境。未来几年，发展物联网技术将是解决物流和电子商务行业所面临的人员紧张、信息阻塞、合规问题等的最佳途径，其已成为电商企业进一步抢占国内国际市场的重要技术支撑。

电子商务的超大规模发展，必然会加大和提升对物流行业的高要求以及复杂度。电商物流中心的自动化、智能化水平，几乎代表了物流行业的最高水平。基于未来发展的战略，电商企业正在加快布局无人仓。在现有的无人仓各种技术中，最基础的技术就是数据感知。可以想象，未来物联网技术在电商领域的应用需求将是巨大的。除此之外，电子商务带来的O2O与新零售，也必然会给物联网带来新的挑战和机遇。

2. 车联网+物联网

车联网是物联网技术在移动车辆上的实现与发展。车联网技术已经初步实现了运输过程的透明化、可视化管理，带来货运资源的优化与整合配置，使得运输、装载效率得到提升，从而实现了货物的实时跟踪与追溯管理。通过物联网技术，可以实现货运资源、车辆资源、卡车司机和卡车后市场消费信息的全方位融合，也就是说，车联网已经成为物流运输发展最基本的配置。最新的物联网技术应用，不仅能提高企业对运输成本、时效及客户体验这三大指标的控制水平，还能从安全性、可靠性、即时通信、算法优化、仓储管理和效率提升等方面进行更加深入的优化。

3. 智能制造+物联网

随着智能制造和工业4.0在中国的推进，制造业对于物流信息化、自动化、智能化需求越来越高。很多大型企业纷纷在自己的物流系统中采用了物联网技术，尤其是在传感器和智能控制技术方面。智能制造需要物流运输与生产线相匹配，进行无缝对接，从而实现零配件的低库存和零库存，这些都要基于信息系统的互联互通来实现。

2.3.2 云计算技术

2.3.2.1 云计算的概念

云计算并不是全新的技术，而是一个全新的网络运用技术。云计算的核心就是以网络为中心，在网站上提供快速安全的云计算和数据存储服务，让每一位互联网用户都可以使用网络上庞大的计算资源和数据中心。

从广义上说,云计算和信息技术、软件和互联网相关,这种计算资源通过共享组成"云"。云计算通过网络和协议可以将很多计算资源进行结合,通过软件实现分布式和自动化管理,只需很少的人力就可以让资源通过网络迅速共享。云计算可以将计算能力转化为一种商品,让其可以在互联网上像水电一样自由流通,而且价格低廉。

2.3.2.2 云计算的特征

1. 虚拟化技术

虚拟化技术可以突破时间、空间的界限,从而充分调动整个网络的算力,这是云计算最显著的特点。虚拟化技术包括应用虚拟和资源虚拟。

2. 动态可扩展

云计算的运算速度快,加入云计算能使计算速度得到很大的提升,从而实现动态拓展虚拟化的层次,达到对应用进行拓展的目的。

3. 按需部署

计算机系统包含很多应用和软件,不同的应用和软件所产生的资源库不同,云计算通过强大的计算能力对用户的应用资源进行部署。一个好的云计算平台能够根据用户的需求快速配置资源。

4. 灵活性高

云计算的兼容性强,对于低配置机器、不同厂商的硬件产品,都有兼容能力。云计算还能够进行更高性能的计算,因此云系统可以将虚拟化要素放在一起进行管理。

5. 可靠性高

每个服务器的功能可通过虚拟化技术分布在不同的物理服务器上,因此一旦某个服务器的应用出现故障,就可以利用其他服务器进行恢复或者利用动态扩展的功能部署新服务器进行计算,所以不会影响计算与应用的正常运行。

6. 性价比高

将资源放在虚拟资源池中统一管理,就可以优化计算资源的物理配置。用户可以不需要使用昂贵的、存储空间大的主机,而是使用价格相对较低的 PC 组成云,这样既减少了费用,得到的计算性能也不比存储空间大的主机差。

7. 可拓展性

用户可利用应用软件的快速部署来更简单地将自身所需的已有业务及新业务进行

扩展。

2.3.2.3 云计算的典型应用场景

1. 存储云

存储云又叫"云存储",是在云计算的基础上发展起来的一种利用云空间存储信息的技术,是以数据存储和管理为核心的云技术系统。在这些技术中,用户可将本地的资源传至云端上,然后可以在任何地方连接互联网来获取云上的资源。存储云向用户提供了存储容器、备份、归档和记录管理等服务,方便使用者对资源进行异地管理。

2. 医疗云

医疗云以云计算、移动技术、大数据、物联网等新技术为基础,结合医疗技术,通过"云计算"创建医疗健康服务云平台,从而实现医疗资源共享和范围的扩大。医疗云大大地提升了医疗机构的效率,方便人们就医。医院的预约挂号、电子病历、医保目前已经可以通过云计算来实现。未来医疗云还会在医疗数据安全、信息共享、动态扩展、布局全国等方面持续发力。

3. 金融云

金融云是指使用云计算的模型,将信息、金融和服务等功能分散到互联网的"云"中,为银行、保险、证券等金融机构提供互联网处理和运行服务。金融云能够同时共享其他互联网资源,实现金融行业的高效低成本、提升行业盈利的目标。现在该技术主要运用在快捷支付方面,如扫脸支付、二维码支付,只要用手机进行简单的操作,甚至不用手机,就可以完成付款、转账等业务。目前,阿里巴巴推出了金融云服务,苏宁金融、腾讯(微信)也推出了自己的金融云服务。

4. 教育云

教育云是指将现有的教育资源虚拟化并传入互联网中,通过教育机构为学生和老师提供一个方便快捷的平台。比如慕课(Massive Open Online Courses,MOOC),即大规模开发在线课程,现在一些优秀的慕课平台如Coursera、edX和Udacity。在国内,清华大学推出了MOOC平台"学堂在线",中国科学技术大学等很多大学也开设了一些MOOC课程。2020年新冠肺炎疫情期间,线上教育的大力推广,促进了互联网教育行业的大发展,这也得益于教育云近几年打下的基础。

项目2.4　人工智能技术

2.4.1　人工智能技术

2.4.1.1　人工智能技术的概念

人工智能技术指探索研究机器模拟人类智能的途径,是一种能够延展人类智慧的技术,在物流方面的运用主要在于智慧物流的智能决策。决策是人类特有的高级思维技能,在物流中使用人工智能技术,可以使物流系统自身具有决策功能。其中,决策支持系统(Decision-Making Support System,DSS)能够提供给决策者需要分析的问题,帮助决策者构建分析模型、模拟决策环境、提供可行的相关决策方案,从而辅助决策者提高决策的质量,完成决策工作。有些系统甚至可以独立完成决策功能,并且具有相当高的决策能力。比如专家系统(Expert System,ES)以互联网为介质,模拟了某个领域无数专家的知识经验,可以自主依据相关知识进行推理、判断和匹配,选择出最优方案,模拟人类完成高质量的决策活动,是人工智能技术成功运用的典范。

2.4.1.2　人工智能技术的主要功能

1. 个性化和分析

个性化和配置文件系统使用机器学习,将一个用户理解为一个独特的个体。根据一个用户所采取的行动、该用户做出的选择,建立该用户的档案。通常,配置文件以用户的喜好为目标,并旨在预测用户的喜好。每当此用户执行某项操作时,此配置文件都会不断完善。比如当用户打开某音乐App时,在使用一段时间之后,平台会推荐用户可能会喜欢的新歌曲,这是一个个性化系统;网上购买商品时也是类似的原理,平台会根据用户搜索或最近喜好推荐给用户可能需要的商品。

2. 预测

预测系统旨在使用数据预测未来会发生什么。系统通常利用历史数据,了解其中的模式,然后使用该模式进行预测。比如用于预测潜在客户是否有可能购买商家的商品,或者商家现有的客户是否有可能离开并转向竞争对手等。

3. 自然语言

作为人类,我们不会像计算机那样交流。我们使用人类语言,且这样的语言是独一无二的。自然语言会话系统可以理解人类的语音并以自然语言回复,比如我们常用的Siri、小爱同学等。

4. 模式识别与异常检测

模式识别系统试图找到一致的模式,然后了解什么是正常的情况,什么不是正常的情况。当某些异常情况出现时,这可能是异常值或异常情况。比如用户在搜索引擎平台输入一个字或一句话,平台会自动识别用户可能需要搜索的内容。

5. 对象识别

对象识别系统使用机器学习来识别世界上的事物。它们适用于各种媒体,包括图像、视频、音频及其组合。我们通常也将其称为"计算机视觉",这是 AI 和机器学习最广泛的用途之一。比如无人驾驶汽车,它使用计算机视觉在道路上安全驾驶汽车并避免障碍物。又如行李安检机,它可以检测行李,并检测安全威胁性质。再如执法部门定期使用面部识别技术打击犯罪,众所周知,我国广泛使用面部识别技术,并在全国范围内大力投资基础设施。

6. 目标达成

目标实现系统使用机器学习通过从自身的行为和经验中获得反馈来在环境中学习。换句话说,它使用奖励和惩罚来找出问题并加以解决,比如用来玩象棋、围棋等游戏。

2.4.1.3 人工智能技术的典型应用场景

现阶段,人工智能技术是帮助物流企业提升效率的关键因素。无人驾驶、无人仓储、无人配送、物流机器人等前沿领域,正是人工智能技术发力的重要领域。人工智能技术在物流各环节、各领域发挥作用,实现智能配置物流资源、优化环节、提升效率。

1. 自动化立体库

自动化立体仓库是当前无人仓中技术水平较高的设备。自动化立体仓库主要由货架、巷道式堆垛起重机以及操作系统组成。钢结构的货架是标准尺寸的货位空间,通过应用计算机和条码技术,巷道堆垛机可以高速穿行于货架之间的巷道中,完成存货、取货的工作。

2. 穿梭车

穿梭车是一种在货架轨道上执行运输任务的智能搬运机器人,与上位机、WMS 系统通信或通过手持终端控制,结合电子标签、条形码等技术实现自动识别和自动存取的功能,完成货物的入出库、盘点、放置等任务。

穿梭车搭载可充电电池，利用提升平板和定位传感器，沿着货架巷道内的轨道运行，将货物从入口处运送到货位里面或者从货位里面取出货物，存取货物都可以很方便地通过遥控器控制和叉车进行操作。货物的存取方式可以先进先出，也可以先进后出。穿梭车还可以与堆垛机、穿梭母车配合实现全自动化仓储作业，与高位叉车配合实现半自动化仓储作业。

3. 配送机器人

配送机器人每次可分派10~20个包裹，根据目的地自动生成合理的配送路线，并在行进途中实现避让车辆、减速通过缓冲带、绕开障碍物等自动功能。到达设定停靠点后，机器人就会向用户发送短信提醒通知收货，用户则通过验证或者人脸识别开箱取货。现阶段配送机器人还处于研发过程中，需要发展和完善创新智能感知、智能控制、目标识别、避开障碍和自动导航等方面的技术。

4. 无人机快递

无人机快递是指利用无线电遥控无人机或者自备的程序操纵无人机低空飞行运送包裹，其优点是可以解决偏远地区的配送问题，在提高运送效率的同时减少物流成本；其缺点在于恶劣天气会影响无人机送货，同时也很难保证在运输过程中不会受到其他外力因素的影响。

2.4.2 决策优化技术

2.4.2.1 决策优化技术的概念

决策技术是对一项活动的所有可行方案进行分析、判断并做出选择的方法，主要从事的活动包括国家事务（如政治、军事、经济、外交）、社会事务直至家庭事务。决策技术是一门系统科学，它要向用户提供一组概念和系统的步骤，以便其在头绪繁乱的局面和各有利弊得失的行动方案中做出理性的选择。

最优化方法和决策理论已经渗透到管理、经济、军事和工程技术等领域的各个方面。计算机软硬件技术的发展，为求解最优化问题和决策提供了有效的手段；大数据的出现，又为最优化方法和决策理论带来新的挑战。物流系统优化是指设定物流系统的发展目标，并设计达到该目标的策略和行动的具体过程，这要依据一定的方法、程度和原则，在这一过程中需要对与物流系统相关的因素进行优化组合，从而更好地实现物流系统发展的目标。

2.4.2.2 决策优化技术的类型

1. 确定型情况下的决策分析

确定型决策问题的主要特征有四个方面：① 只有一个状态；② 有决策者希望达到的一个明确的目标；③ 存在着可供决策者选择的两个或两个以上的方案；④ 不同方案在该状态下的收益值是清楚的。确定型决策分析技术包括用微分法求极大值和用数学规划等。

2. 风险型情况下的决策分析

风险型决策问题与确定型决策只在第一点特征上有所区别，即在风险型情况下，未来可能出现的状态不止一种，究竟出现哪种状态，无法事先肯定，只知道各种状态出现的可能性大小（如概率、频率、比例或权重等）。

常用的风险型决策分析技术有期望值法和决策树法：① 期望值法是根据各可行方案在各自然状态下收益值的概率平均值大小，决定各方案的取舍；② 决策树法有利于决策人员使决策问题形象化，可把各种可以更换的方案、可能出现的状态、可能性大小及产生的后果等，简单地绘制在一张图上，以便计算、研究与分析，同时还可以随时进行补充和修正。

3. 不确定型情况下的决策分析

如果不止有一个状态，各状态出现的可能性大小又不确定，便称为不确定型决策。常用的决策分析方法有：① 乐观准则。比较乐观的决策者愿意争取一切机会获得最好的结果。其决策步骤是从每个方案中选一个最大收益值，再从这些最大收益值中选一个最大值，该最大值对应的方案便是入选方案；② 悲观准则。比较悲观的决策者总是小心谨慎的，会从最坏的结果着想。其决策步骤是先从各方案中选一个最小收益值，再从这些最小收益值中选出一个最大收益值，其对应方案便是最优方案。这是在各种最不利的情况下又从中找出一个最有利的方案；③ 等可能性准则。决策者对于状态信息毫无所知，所以对它们一视同仁，即认为它们出现的可能性大小相等，于是这样就可按风险型情况下的方法进行决策。

大多数的决策理论是规范性的，即决策理论以假设一个具有完全信息的、可实现精度计算的、完全理性的理想决策者的方式达到最优的决策（在实际情况中，某些所谓"最好"的情景并不代表最大值，"最优"决策也可能出现在一个具体的或近似的最大值处）。

2.4.2.3 决策优化技术的典型应用场景

决策优化技术在物流中的典型应用为仓储决策。仓储的优化决策能够降低人为操作带来的错误和误差,从而提升操作的准确性和及时性,进而实现对仓储各个环节的智能控制。这种优化决策过程使仓储设备具有学习能力、适应能力、决策能力和组织能力,具体包括以下应用场景。

1. 储位优化分配

储位优化分配是指在选定的库址上,通过分析物料的接收、存储、出库等整体过程及各相关活动的关系,然后根据仓库所处的地理位置、规模的不同、存放货物的特性及仓储的技术条件等多种因素综合分析,安排其流程、路径与时序,满足各种物料、设备及人员操作所需的空间需求,通过调整各个活动的位置与空间,使物料、机器、人员等获得最合理的位置与操作方法。仓位优化的目标主要包括:最大限度地减少货品的搬运次数和时间,缩短物料在库操作周期,充分利用空间、人员和设备,降低投资成本,实现工作条件最适宜等。

2. 货位动态分配

货位动态分配是指在设定好的储位布局的前提下,提升存储货物的出入库效率,降低仓库货架闲置率。按照作业方式的不同,可以将货位动态分配分为入库货位动态分配和出库货位动态分配。

3. 订单优化分配

"货到人"的智慧仓储是最近几年主要发展的一种新型高效的配送中心仓储模式。在这种智慧仓库中,机器人代替人工完成仓库内部的拣货工作,这样就能够大大提高拣货效率。智慧仓库中大量使用拣货机器人,如何协调多个机器人完成多项任务,就成为了影响仓储效率的关键要素之一。这个问题的本质就是智慧仓内的订单分配问题,又称为拣选任务分配问题。订单优化分配是指在特定条件下,将未完成的订单任务合理分配给拣选机器人,以实现整体执行效果最优。

4. 拣选路径规划

拣选路径规划问题是指对于每个订单,如何确定合理的拣货机器人对货物进行高效的拣选,以实现拣选时行走距离短或者损耗的时间最少。在拣货机器人数量充足的智能仓库系统中,拣货机器人的数量多过每批订单中的任务数量。在仓储机器人数量充足的时候,拣货机器人的任务分配问题就相当于一个非平衡指派问题;而在仓储机器人数量不足的时候,多机器人任务分配问题,则属于一个典型的调度问题。

知识练习

单选题

1. 物流中心通过利用（　　）技术大大提升物流中心的管理水平。
   A. RFID　　　　B. 大数据　　　　C. 区块链　　　　D. 物联网
2. 轨迹回放功能主要供物流企业和（　　）使用。
   A. 快递公司　　B. 政府监管部门　　C. 货主企业　　D. 售后部门
3. 大数据技术支持下的智慧物流,首要解决的问题就是（　　）信息流畅通。
   A. 采购方　　　B. 运输监控　　　C. 商品发布　　　D. 企业物流
4. （　　）拥有循环结构,可以持续保存相关信息。
   A. 递归神经网络　　　　　　　　B. 注意力模型
   C. 卷积神经网络　　　　　　　　D. 神经图灵机

多选题

1. 自动识别技术指对（　　）等记录数据的载体进行机器自动辨识并转化为数据的技术。
   A. 字符　　　　B. 影像　　　　C. 条码　　　　D. 声音
2. 条码包括（　　）。
   A. 一维码　　　B. 二维码　　　C. 三维码　　　D. 四维码
3. 大数据技术下智慧物流功能需求（　　）。
   A. 演示物流数据　　　　　　　　B. 数据传输与共享
   C. 物流信息实时管理　　　　　　D. 数据收集与分析
4. 数据仓库技术特征（　　）。
   A. 面向主题性　　　　　　　　　B. 集成性
   C. 不可更新性　　　　　　　　　D. 历史数据的处理逻辑

简答题

1. 简述云计算的典型应用场景。
2. 简述区块链技术的特征。
3. 简述自动识别技术的典型应用场景。
4. 简述物联网技术的主要特征。

实践练习

仓库作业中的条码编制

实践目的

1. 能够熟悉常见条码的编制规则,可根据托盘信息的采集要求,选取合适的码制。
2. 能够熟练使用条码软件制作条码并打印条码。
3. 能够按规则粘贴条码。

实践组织

1. 学生打开条码制作软件,进行基础属性设置。
2. 教师下发任务情境,学生依据托盘作业特征选取合适的条码类型。
3. 学生在现场作业过程中使用条码软件快速制作并打印一定数量的条码。
4. 学生将条码粘贴在托盘的合适位置。

实践内容

某物流公司接到麦朴音响公司(代码:MP公司)的通知,将有一批货在当日进入物流仓库,入库通知单见表2.1,要求做好接收货物的准备。

表2.1 入库通知单

型号	品名	包装数	包装	件数/包装
4P3032	磁带	15	纸箱	200

说明:

1. 4P3032每只纸箱的外形尺寸为:51厘米×42厘米×45厘米,毛重12千克,法定计量单位为盒。
2. 物流公司在收到通知后,先将有关入库货物的信息输入系统,等待货物的到来。当日下午收到MP公司送来的货物,经检验货物全部合格,正常入库。
3. 4P3032有10箱堆放在9-1-1货架上,其余的放在9-2-1货架上。同时该公司又收到表2.2中的发货指令,按照先进先出的原则进行发货,并实际发出该批货物。

表2.2　发货指令

型号	品名	包装数	包装	件数/包装
4P3032	磁带	15	纸箱	600

考核要求

1. 学生分组完成实训任务。

2. 认真查看实训任务情境。

3. 最终需拍照提供实训成果。

4. 操作流程完整、逻辑清晰、结果准确。

项目3

智慧物流设施设备

 学习目标

- 了解智慧物流设施设备的应用背景
- 掌握不同物流设施设备的基本概念
- 理解智慧物流设施设备的应用场景
- 深刻体会新时代物流人应具备勇于探索、不断革新的工匠精神

学习导航

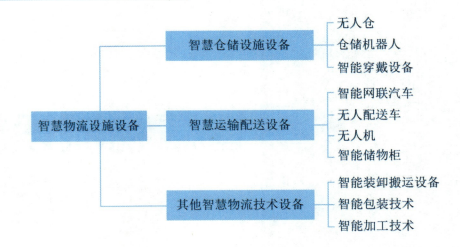

引导案例

无人配送车成"疫情防空兵"

新冠肺炎疫情期间,旨在解决"最后一公里"末端配送问题的无人配送承载着众人的期待,成为关注的焦点。无人消毒车、无人配送车、无人巡逻车、无人售卖车、配送机器人轮番上阵,成为末端配送的理想解决方案。

行深智能研发的无人投递车"汉马"在湖北省仙桃市政府及直属单位区域内承担起投递任务;同时,随着企业逐步复工复产,其研发的无人送餐车"超影"也承担起了长沙东方制造港内复工企业的送餐任务(如图3.1所示)。百度Apollo携手新石器于2020年2月14日在北京市海淀医院投放无人车,负责海淀医院隔离点的无接触送餐工作。同年2月21日,白犀牛的无人车进入武汉光谷方舱医院,协助进行药物、物资从安全区到危险区的配送,用智能技术筑起健康防线。除以上这些专注于无人配送领域技术研发的公司之外,阿里巴巴、京东物流、美团点评等互联网公司也先后进军无人配送领域。

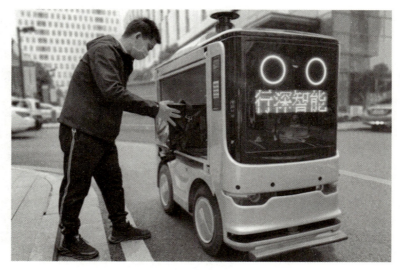

图3.1　无人送餐车

项目3.1　智慧仓储设施设备

3.1.1　无人仓

3.1.1.1　无人仓的概念

无人仓指的是货物从入库、上架、拣选、补货,到包装、检验、出库等物流作业流程全部实现无人化操作,是高度自动化、智能化的仓库(如图3.2所示)。仓储管理信息系统是决定无人仓工作效率的关键因素。在现阶段的无人仓中,大部分依靠人与机器人的协同作业,这就意味着,新的仓储管理信息系统不仅要能够实现对人员和流程的管理,同时还要有管理大量的机器人以及数据的功能,这样才能在更多的维度对无人仓进行高效协同。在这样的环境下,物流行业对仓储管理信息系统也提出了更高的要求。

无人仓与人工仓库在功能上是一样的,都有货物入库、上架、库内管理、订单拣选、复核包装、打包、搬运等作业等流程。无人仓可以通过机器人在每个流程里使用自动化设备替代人工。物流无人化也可以分阶段实现,目前主要聚焦在最耗费人力的拣选环节,通过柔性自动化的机器人,系统大约可节省67%的人工。

图3.2　京东无人仓

现在已建好的无人仓大部分都是以机器人为主角,辅以人工。这就使得无人仓使用的仓储管理信息系统的功能更加复杂,不仅需要管理人,还要管理机器人,同时还要对流程和数据进行管理。可以说,仓储管理信息系统的能力与机器人系统对于整个无人仓的运营效率具有很大关系。

3.1.1.2　无人仓的主要特征

1. 作业无人化

在作业无人化方面,无人仓要具备三"极"能力,即极高的技术水平、极致的产品能力、极强的协作能力。无论是单项核心指标,还是设备的稳定性,各种设备的分工协作都能达到极致化的水平。无人仓使用自动立体式存储、3D视觉识别、自动包装、人工智能、物联网等各种前沿技术,兼容并蓄,实现了各种设备、机器、系统之间的高效协同。

2. 运营数字化

在运营数字化方面,无人仓需要具备自感知等能力。在运营过程中,与面单、包装物、条码有关的数据信息要靠系统采集和感知,出现异常时系统能够判断。

在无人仓模式下,数据将是所有动作产生的依据,数据感知技术如同为机器安装了"眼睛",通过将所有的商品、设备等信息进行采集和识别,并迅速将这些信息转化为准确有效的数据上传至系统,系统再通过人工智能算法、机器学习等生成决策和指令,指导各种设备自动完成物流作业。其中,基于数据的人工智能算法需要在货物的入库、上架、拣选、补货、出库等各个环节发挥作用,同时还要随着业务量及业务模式的变化不断调整优化作业,因此可以说算法是无人仓技术的核心与灵魂所在。

3. 决策智能化

在决策智能化方面,无人仓能够实现成本、效率、体验的最优,可以大幅度地减轻工人的劳动强度,且效率是传统仓库的10倍。

例如,京东物流无人仓能够满足业务全局发展的需要,具有最大智能化、自主决策的能力,核心是为仓库配置大脑、眼睛、胳膊、腿,类似于生物进化论工作,其智能核心是监控与决策算法的优化。

3.1.1.3 无人仓的典型应用场景

随着各类自动化物流设备的快速普及应用,机器代人的成本越来越低,各行各业对于无人仓的需求越来越强烈。尤其是具备如下几个特征的行业对无人仓需求更加突出:

(1) 劳动密集型且生产波动比较明显的行业,如电商仓储物流,对物流时效性要求不断提高,受限于企业用工成本的上升,尤其是临时用工的难度加大,采用无人技术能够有效提高作业效率,降低企业整体成本。

(2) 劳动强度比较大或劳动环境恶劣的行业,如港口物流、化工企业,通过引入无人技术能够有效降低操作风险,提高作业安全性。

(3) 物流用地成本相对较高的企业,如城市中心地带的快消品批发中心,采用密集型自动存储技术能够有效提高土地利用率,降低仓储成本。

(4) 作业流程标准化程度较高的行业,如烟草、汽配行业,标准化的产品更易于衔接标准化的仓储作业流程,实现自动化作业。

(5) 对于管理精细化要求比较高的行业,如医药行业、精密仪器,可以通过"软件+硬件"的严格管控,实现更加精准的库存管理。

其中,电商行业是无人仓落地相对较多的行业。首先,电商行业对于无人仓具有刚性需求,这主要体现在随着电商物流的飞速发展,人工成本一直占据着所有成本里最大的比例,而成熟的无人仓技术可以有效降低这一成本;其次,电商行业对各类无人仓技术响应积极,电商领域是一个对创新思维相对开放的行业,一直不断地在进行着各类新设备的引进和先进技术的创新研发;最后,电商行业也是无人仓技术的最佳实验场景,各类特征表明,如果能够解决电商领域的高流量、多品类的复杂场景,则无人仓技术的全面推广就相对比较容易。

3.1.2 仓储机器人

3.1.2.1 仓储机器人的概念

物流机器人已经成为现代物流体系中至关重要的组成部分,通过使用机器人可以促使整个物流自动化水平的提升,使工作效率提高,工作错误率不断降低。仓储机器人是目前物流机器人中应用最广泛的一种类型。

仓储机器人是指在物流仓储和生产仓库等室内环境中,用于货物出入库搬运、分拣、拣选等操作的机器人。根据应用场景的不同,物流机器人可以分为码垛机器人、AGV机器人、分拣机器人。

3.1.2.2 仓储机器人的主要类型

1. 码垛机器人

目前,码垛机器人在欧美发达国家的物流码垛市场占有率已经超过了90%,很多物流企业中码垛作业都由码垛机器人完成。码垛工作因其工作强度大,劳动具有一定的危险性,使用机器人可以保持长时间且连续无故障的状态进行码垛作业。机器人的码垛作业速度快、精确性高、质量好,其工作效率和质量远远超过了人力。虽然码垛机器人前期投资较高,但是由于其效率高,所以可以在较短的时间内实现边际成本效用最大化,快速收回投资成本。由于国内人工使用成本一直在急剧攀升,码垛机器人的应用需求也会有很大的提升(如图3.3所示)。

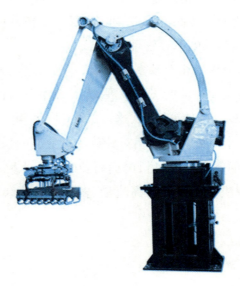

图3.3 码垛机器人

2. AGV机器人

AGV机器人分为有轨RGV和无轨AGV。无轨AGV还能分为有无地标(地标有磁导或条码两种)和三维坐标定位(类似无人汽车)。AGV机器人是物流自动化装备中科技水平含量最高的产品之一,它具备快捷、高效、灵敏、可控性强、安全性能优良等优势。

AGV机器人是一种具有柔性化与智能化特点的物流搬运机器人,具备较强的程序控制与管理功能,能够全程在电脑的监控中,按照程序预先设计的路径来完成生产作业任务(如图3.4所示)。该型机器人还能与生产管理控制系统、自动化物流系统和信息自动化控制系统进行同步,实现物流信息的联网流通和生产作业的实时监控。在现代物流产业中,AGV机器人常与传统生产线流水线进行匹配,同时改造升级,能够实现点对点的自动存取与搬运相结合,使生产精细化、柔性化、信息化,并且能有效地和物流流程相结合,降低物料及能源损耗,也能减少生产线的占地面积,降低物流企业的投资成本。

Hi-tech Robotic Systemz公司的AGV机器人主要应用于汽车或汽车零部件等生产物流领域,在造纸、制药、重型机械和纺织工业等领域也有着一定的运用场景。Hi-tech Robotic Systemz公司的主要研究方向包括机器人、人工智能和控制领域,其业务覆盖整个物流机器人价值链,包括需求分析、概念开发和系统集成等。

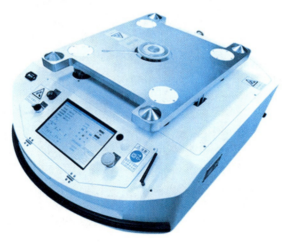

图3.4　AGV机器人

3. 抓取分拣机器人

抓取分拣作业是由抓取分拣机器人来完成的,其主要工作就是对商品进行分类拣选。如果抓选作业对象的品种繁多、形状还有很大差异,那么就需要抓取机器人具备图像识别功能与多用途机械手。抓选机器人要根据每一种物品托盘,依托图像识别系统"看到"的物品形状,然后选择与之相应的机械手来抓取目标放到对应托盘上。目前抓取分拣机器人在物流领域中应用还不够多,主要原因是当前图像识别技术还不成熟。在过去,机器人设备在分拣过程中经常会出现因条形码破损,而出现无法识别以及识别准确性较低的情况。

在国内,"曹操"是天猫超市的一款大型分拣智能机器人,可承重50千克,速度可达到2米/秒,造价高达上百万元,所用的系统都是由阿里自主研发的(如图3.5所示)。"曹操"机器人在接到订单后,可以迅速定位出商品在仓库分布的位置,并且规划出最优拣货路径,拣完货后会自动把货物送到打包台。通过使用分拣机器人,能在一定程度上解放出一线工人的劳动力,在"曹操"和小伙伴们的共同努力下,天猫超市在北京地区已经可以实现当日达,提升了企业在市场上的竞争力。

图3.5 分拣机器人"曹操"

3.1.2.3 仓储机器人的典型应用场景

1. "货到人"服务

这是目前仓储机器人中提供商最多、应用最多、最为主流服务的类型,即机器人将订单商品从所在货架运送至拣选站,由机器人代替人工在仓库中行走找货,不仅大大节省了人力,同时提高了工作的效率和准确率。但是,由于机器人需要潜入货架底部,因此对机器人的导航精度要求较高。

2. "订单到人"服务

这种仓储机器人可以提升商品搬运的精准度,节约运力,减少无效物流,需要机器人能够搬运更小的库存单元而不是整个货架,从而进一步提高系统效率,降低运营成本。因此出现了以货箱或订单箱为运载单位的"货到人"或"订单到人"仓储机器人,即货架固定,由机器人替代作业人员进行长距离行走,拣选人员只需在一定区域内作业。

3. 组合服务

新一代仓储机器人主要面向SKU数量大的整进零出仓库,根据货物被拣频率对仓库进行智能分区,采用"人到货+货到人"的方式,"动静结合"履行订单拣选流程,在商品搬运效率、机器人存取效率、系统拣选效率等方面均大幅优于目前的主流系统,能广泛适应现代仓库的拣选需求。

3.1.3 智能穿戴设备

3.1.3.1 智能穿戴设备的概念

智能穿戴是指应用穿戴式技术对日常穿戴进行智能化设计,开发出可以穿戴的设备,如眼镜、手套、手表、服饰和鞋等。智能穿戴设备可以利用传感器、射频识别、全球定位系统等信息传感设备,接入移动互联网,实现人与物随时随地的信息交流。

智能穿戴是伴随着新的通信技术、计算机技术、微电子技术的不断发展而产生的,是"以人为本""人机合一"的计算理念的产物,并以此衍生出一类智能化、个性化、新形态的个人移动计算系统。智能穿戴的目的是探索人和科技全新的交互方式,为每个人提供专属的、个性化的服务,并实现对人们自然的、持续的辅助与增强服务,其本质是人体的智能化延伸。

3.1.3.2 智能穿戴设备的主要类型

智能穿戴设备包含了两个重要的方面:一是能直接穿戴在人身上,二是能整合进衣服、配件中,从而应对人们的多种需求并解决实际问题。目前,智能穿戴设备有着多种形态,包括智能穿戴网络终端、智能穿戴服务器、含计算机功能的服装、智能穿戴消费电子等,而基于智能穿戴设备开发的移动应用则非常广泛,覆盖工业用途和个人用途,下文的分类是目前研究界比较认同的两种分类方法。

1. 从主要功能上划分

智能穿戴设备产品按照其主要功能可划分为三大类(见表3.1):生活健康类、信息资讯类和体感控制类。其中,生活健康类的设备有运动、体侧腕带及智能手环等;信息资讯类的设备有智能手表和智能眼镜等;体感控制类的设备有各类体感控制器等。

表3.1 按主要功能分类的智能穿戴产品

主要指标	生活健康类	信息资讯类	体感控制类
目标人群	大众消费者	大众消费者	年轻消费者
交互方式	① 图形化界面,多通道智能人机交互;② 通过传感器收集信息和数据	以自然语言交互为主,通过语音识别来实现操作	体感交互、虚拟交互
解决问题	采集数据,对比和分析,帮助达到预期指标或目的	增强现实,更方便及时地获取信息	增强人类能力,以娱乐活动为主

2. 从产品形态上划分

根据产品形态不同,智能穿戴设备又可划分为头戴式、身着式、手戴式、脚穿式四类,见表3.2。

表3.2 按产品形态分类的智能穿戴产品

分类	产品形式	产品举例	主要特点
头戴式	眼镜类	Google Glass 谷歌眼镜	采用了虚拟现实技术,能够实现日历、语音、时间、温度、短信、拍照、地理位置、音乐搜索和摄像等功能
		Smith I/O Recon 滑雪镜	集成了CPU、摄像头、微型抬头显示器、多种传感器和蓝牙通信等装置,戴上它滑雪就像玩电脑游戏一般
	头盔类	BrainLink 智能头箍	利用脑波技术来实现神奇的脑机互动应用
		LiveMap 头盔导航	内置了陀螺仪、光感元件、语音操控以及LTE 4G网络。通过头盔上显示的内容,使用者可以轻易实现路线规划和定位功能

续表

分类	产品形式	产品举例	主要特点
身着式	上衣类	情绪感应服	内层的感应芯片可以通过感应人体的体温和汗液的变化来感知穿着者的情绪,并发出信号,改变外层的颜色
	内衣类	太阳能比基尼	使用电传导线将光-电流面板缝合在一起形成,通过光伏薄膜带,吸收太阳光并将能量转化为电能,然后为几乎所有的便携电子设备充电
	裤子类	社交牛仔裤	配有一个特殊的装置,可进行简单的即时互动与社交,让使用者享受并分享他们的经验
手戴式	手表类	苹果 Apple Watch	内置 Wi-Fi、蓝牙功能、带有 RSS 阅读器、16 GB 的存储空间和天气预报功能,并且能够和 iPad 或者 iPhone 手机相连接的产品
	手环类	咕咚手环	支持对用户活动量的记录和检测、睡眠质量的监测、智能无声闹钟、活动提醒等多种功能,还基于百度云、提供多屏的管理和共享
	手套类	手套式手机	外形像机械铠甲的一部分,按钮被设计在手指关节内侧,将拇指作为听筒,小指作为话筒,即可实现通话
脚穿式	鞋类	谷歌智能鞋	使用 GPS 和 LED 来指明方向。该鞋内置了一个 GPS 芯片、一个微控制器和一对天线。左鞋指示正确的方向,右鞋能显示当前地点距目的地的距离
	袜类	Sensoria 智能袜子	通过步幅以及落地的压力,记录下双脚所走或跑的状态和消耗的能量。通过对脚底部分的感应,可以了解自己运动的强度

3.1.3.3 智能穿戴设备的典型应用场景

智能穿戴设备主要的应用场景包括信息娱乐领域、医疗与保健领域、运动领域、教育领域、工业领域、军事领域等。

1. 信息娱乐领域

智能可穿戴技术市场的成长与智能手机和游戏市场密不可分,预计在智能手机方面,有越来越多的智能手表和智能眼镜将会连接到智能手机并共享数据。在游戏市场方面,游戏市场快速增长将会为抬头显示器(HUD)、智能眼镜等可强化游戏体验的扩增实境(AR)设备带来大好机会。在智能眼镜方面,智能眼镜预计将会内建无线连接,使其可独立地进行接收与传输数据。在智能手表方面,智能手表主要作为智能手机的互补,如来电显示信息以及控制智能手机等应用。

2. 医疗与保健领域

智能手表是智能穿戴行业的主流产品,它主要具备运动健康场景功能和日常应用的功能。在运动健康场景中,无论是运动还是健康监测,智能手表中丰富的运动健身场景和全面的健康监测功能,可以更加方便地检测人们的生活状态。在日用场景中,无论是看时间,还是消息提醒,只需抬抬手腕,就能更方便地获取信息。在医疗健康监测方面,智能穿戴设备可以应用在高血压、低血糖、心率异常等各类疾病的管理上,通过可穿戴设备能够长期监测病程的变化情况,为慢性病诊疗提供长期、方便快捷且细致准确的各项健康数据,最大程度帮助患者提高自我监督性,并按照科学健康的方式生活。

专业医疗级智能穿戴设备包括智能云血压仪、心率血氧探测仪、智鼾垫等用于监测和治疗慢性病类型的医疗设备,多供以医疗机构使用。在极其重要的运动监测等物理治疗和假肢治疗等治疗中,智能穿戴设备可提供极其准确可靠的数据和报告。有了这些数据,医疗保健专业人员就可以根据结果提出正确的建议,以帮助患者康复。

3. 运动领域

从希望完善挥杆动作的高尔夫球手到想要分析步幅的跑步者,3D运动跟踪传感器都可以提供宝贵的数据,以帮助他们提升成绩并防止受伤。借助传感器融合技术,智能穿戴设备可以在任何环境下实时捕获精确的运动数据,从而为运动员及其教练提供获得最佳成绩所需的一切。

4. 教育领域

利用VR身临其境和游戏互动的高科技手段,采用学生易于接受的方式,引导学习和体验课程内容的知识重点难点,让学习不再枯燥。通过检测人体大脑发出的不同脑电波,可识别人脑在不同环境刺激下做出的不同反应。智能头箍通过连接手机或者电脑即时了解用户的大脑状态,比如是否专注、紧张、放松或者疲劳,同时也可以通过自发调节个人集中度与放松度传送至手机或电脑,实现奇妙的"意念力控制"。

5. 工业领域

智能可穿戴技术在工业上的应用,主要包括生产线上使用的抬头显示器、在物流及仓储上使用的手戴终端设备,以及用来跟踪用户位置与检测工业气体的智能服装等。其中,手戴终端设备是工业用可穿戴设备中应用最广泛的产品;同时,预计抬头显示器的应用将显著增加。

6. 军事领域

智能可穿戴技术在军事上的各种潜在应用项目主要有美国未来部队勇士(FFW)程序。在FFW上应用的可穿戴设备主要包括能提供地图、路线信息和提高环境意识的抬头显示器,能感知和发送生理参数(如血压和体温)并相应调整衣服温度的智能服装。其他国家的类似项目包括:澳大利亚的"温杜拉工程"(Project Wundurra)、以色列"综合先进士兵(IAS)"计划和英国的"未来士兵战斗系统计划"(FIST)等。

项目3.2　智慧运输配送设备

3.2.1　智能网联汽车

3.2.1.1　智能网联汽车的概念

根据《国家车联网产业标准体系建设指南》对智能网联汽车的定义,智能网联汽车是指搭载先进的车载传感器、控制器、执行器等装置,并融合现代通信与网络技术,实现车与X(车、路、人、云等)智能信息交换、共享,具备复杂环境感知、智能决策、协同控制等功能,可实现安全、高效、舒适、节能行驶,并最终实现替代人来操作的新一代汽车。

智能网联原本代指的是汽车技术发展的两个技术路线,即智能汽车和车联网。智能汽车是指通过搭载先进的电控系统,采用AI、信息通信、大数据、云计算等新技术,具备半自动或全自动驾驶功能,从简单的交通运输工具向智能移动载体变化的新型汽车。车联网是借助全新的信息和通信技术,实现车内、车与X(车、路、人、云等)连接的网络体系,提高车辆的智能化和自动化,打造全新的交通服务模式,提升交通效率,完善驾乘体验,为使用者提供更安全、更便捷的综合服务。车联网的特点是网络化、汽车智能化、服务新业态。可以看出两者相辅相成,不可分割,因此将车联网和智能汽车的集合体称为智能网联汽车。

3.2.1.2　智能网联汽车的主要功能

1. 自动驾驶

智能网联汽车的核心是自动驾驶技术。2021年8月,国家市场监督管理总局出台《汽车驾驶自动化分级》国家标准,明确自动驾驶等级从L0到L5共分为6级,并于2022年3月1日起正式实施。在实际的开发中,各车厂逐步实现从0级应急辅助向5级完全自动驾驶进阶落地。目前有望率先实现的商业化应用形式为无人驾驶出租车(Robotaxi),以及特定场景如港口、矿山、高速货运的无人运输。

2. 智能座舱

智能网联汽车智能座舱由传统的车载娱乐信息通信功能,转向基于5G通信车联网的集驾驶辅助、驾驶员状态监测、精准导航、娱乐通信等功能为一体的智能互动空间。

在操作形式上,智能座舱由传统的按钮式操作转向生物识别、语音交互等虚拟化操作;在座舱硬件上,由传统的显示屏、后视镜转向中控屏、智能仪表盘及HUD等智能硬件;在架构形式上,由传统分布式转向现阶段的域集中式,进而实现软硬解耦及多屏间高效互动。

3. OTA 技术

OTA(Over The Air)是远程升级的简称,最早应用于手机上,使手机软件升级无需再进行连接电脑、下载软件、安装更新等繁复操作。随着智能网联汽车时代到来,OTA也被应用于汽车上。通过OTA技术,智能网联汽车可在线完成车辆性能升级,实现功能快速迭代,免除返厂维修,可以节约成本。OTA分为两类,一种是SOTA(Software Over The Air),即软件在线升级,如应用程序、地图等车机软件的更新;另一种则是FOTA(Firmware Over The Air),即固件在线升级,FOTA能带来整车车机系统级别的升级,如车辆电子控制单元、驱动、系统等升级。

4. 车联网 V2X

车联网可实现车与车(V2V)、车与路(V2R)、车与互联网(V2I)、车与行人(V2P)之间的通信和反馈,使车辆具备提前预警、周边对象感知、行车环境监测等功能,并在危急情况下主动控制执行端进行紧急制动,加强行车安全。车联网的实现不仅依靠单车通信系统,更与道路通信系统、基站、电信运营商等全局通信基础设施水平息息相关,伴随着5G技术的快速发展,我国的整体水平走在世界前列。

与传统汽车产业相比,智能网联汽车产业更体现出两大特点:一是多种技术交叉,各类产业融合。智能网联汽车是机电信息化一体化产品,是造车技术、人工智能、交通设施、通信技术等多方面的集大成者。二是有关区域属性和社会属性。智能网联汽车需要通信、地图、数据平台等本国属性的支撑和安全管理,而每个国家都有自己的使用标准规范,因此智能网联汽车的开发和使用具有本地属性。

3.2.1.3 智能网联汽车的典型应用场景

2020年2月,国家发改委等11部委联合印发《智能汽车创新发展战略》,提出了我国发展智能网联汽车的战略目标:到2025年,中国标准智能汽车的技术创新、产业生态、基础设施、法规标准、产品监管和网络安全体系基本形成;实现有条件自动驾驶的智能汽车达到规模化生产,实现高度自动驾驶的智能汽车在特定环境下市场化应用;智能交通系统和智慧城市相关设施建设取得积极进展,车用无线通信网络实现区域覆盖,新一代车用无线通信网络(5G-V2X)在部分城市、高速公路逐步开展应用,高精度时空基准服务网络实现全覆盖。2020年11月,中国智能网联汽车创新中心发布《智能网联汽车技术路线图 2.0》，明确到 2025 年 L2 级和 L3 级新车将达到 50%，到 2030 年将超过 70%；同时，2025 年 C-V2X 终端的新车装配率将达到 50%，2030 年基本普及。

随着工信部构建的"基于宽带移动互联网的智能汽车与智慧交通应用示范"项目的推动，中国积极推进智能网联汽车测试示范区的建设，已经构建形成了包括北京、河北、上海、浙江、吉林（长春）、湖北（武汉）、江苏（无锡）、重庆、广东、湖南（长沙）等多家工信部授权的车联网示范区，研发包括车路协同、先进辅助驾驶、自动驾驶、交通大数据等新技术与新产品。同时开展实验验证、测试评估、封闭测试、应用示范等多方面功能性营运项目，为自动驾驶汽车的快速发展创造示范性条件。目前，上海、重庆、北京等城市的智能网联汽车测试示范区及封闭测试场地已完成建设并投入使用。与此同时，长沙、天津、常州、厦门等地也在结合产业发展状况，依托地区优势、特色资源，积极探索自动驾驶汽车的测试与示范。智能网联汽车的典型应用场景包括：前方急弯提醒、道路施工提醒、红绿灯车速引导、紧急车辆避让等。

1. 前方急弯提醒

路测平台根据路况，在车辆需要左转弯之前，发出告警信号，车辆结合告警信息和车载传感器信息进行综合决策来减速通过，避免急刹、追尾等事故。

2. 道路施工提醒

当前方道路发生交通事故或道路施工时，路测平台提前发送提醒信号，车辆结合车载传感器信息提前减速并绕行通过，避免道路拥堵和二次事故发生。与单车自动驾驶相比，借助车联网路测平台提醒，车辆可以在前车遮挡的情况下，就提前做出相应操作，提高通行效率。

3. 红绿灯车速引导

当车辆驶向交叉路口，收到由路测平台发送的道路数据及信号灯当前状态和倒计时，结合车载平台得出建议车速，从而经济舒适地通过路口，避免闯红灯、急刹、追尾。与单车自动驾驶相比，车辆借助车联网可以获得更多的信息来调整驾驶策略，还可以获得周边其他红绿灯状态信息，选择最优行驶方案，提升驾驶效率。

4. 紧急车辆避让

车辆对救护车等需要紧急通行的车辆进行让行。路测平台根据救护车和其他车辆实时上报的车速、位置等行驶数据，将救护车预警信息广播给行驶路线上的所有车辆，实现提前避让，提高救护车等特种车辆的通行效率。与单车自动驾驶相比，这个场景直观体现了车路协同、车车协同的优势。

3.2.2 无人配送车

3.2.2.1 无人配送车的概念

无人配送车又称为配送机器人,是指基于移动平台技术、全球定位系统、智能感知技术、智能语音技术、网络通信技术和智能算法等技术支撑,具备感知、定位、移动、交互能力,能够根据用户需求,收取、运送和投递物品,完成配送活动的机器人。

3.2.2.2 无人配送车的主要特征

1. 高度智能化和自主学习能力

配送机器人是智慧物流体系生态链中的终端,面对的配送场景非常复杂,需要应对各类订单配送的现场环境、路面、行人、其他交通工具以及用户的各类场景,进行及时有效的决策并迅速执行,这需要配送机器人具备高度的智能化和自主学习能力。

2. 无人驾驶技术可靠性要求较低

无人配送场景有"小、轻、慢、物"的特点,因此对无人驾驶技术的可靠性要求相对较低,无人配送可以更早地落地应用,帮助研发人员进行无人驾驶技术的测试和迭代。

3.2.2.3 无人配送车的典型应用场景

1. 快递配送

(1) 菜鸟小G。菜鸟小G具备规划路线、避让行人、识别红绿灯、感知电梯拥挤程度及自行乘坐电梯等功能。它能一次装载10个包裹,在到达目的地时,会向收件人发送取件信息,同时在屏幕上显示一个二维码,取件人通过软件扫描二维码,即可开启抽屉拿到快件,取件人继续在手机上操作即可关闭抽屉。

(2) 京东小白。京东小白的搭载量为30件,其功能亮点在于能依据物品的尺寸调整柜子的大小并做到车体与箱柜分离,便于整体更换箱柜。无人配送车到达配送点后,用户可收到它发送的取货信息,并可以通过面部识别、取货码、链接等方式取货,取完关上仓门即可。

2. 生鲜配送

(1) 苏宁"卧龙一号"。"卧龙一号"承担苏宁小店周边社区3千米范围内的订单,配送线上1小时生活圈的即时服务,保证生鲜果蔬日常用品和食物均能新鲜及时送到家。它能突破天气和时间限制,实现在各种恶劣天气中及在夜晚时间配送,真正做到了24小时的准时配送服务。它高约1米,可承重30千克,配送速度每小时可达12千米,爬坡高度为35度,续航可达8小时,定位精度为1~3厘米。在智能感应方面,主要采用多线激光雷达＋GPS＋惯导等多传感器融合定位方式,融合激光雷达拥有更加灵敏的避障反应能力;在人机交互方面,"卧龙一号"有着更加高效的地形适应能力,可以智能提示路过的行人、车辆和障碍物,为规划出最优绕行路径提供依据。

(2)硅谷机器人技术公司Nuro R1。L4自动驾驶,可以在市政道路行驶,时速为30~40千米/小时。车体尺寸约为普通轿车的1/3~1/2,车身两侧均是可以打开的货仓,最多可承载约113千克的货物。车辆顶部架设有一台16线或32线激光雷达,而围绕车顶和车身一周,布置了8个或以上的摄像头,可以完成红绿灯识别、行人识别、自动变道以及自主通过四向停车路口等操作。

3. 外卖送餐

(1)饿了么"万小饿"。"万小饿"具备自主设置路线、应对多种路面情况、自主上下电梯的能力。针对餐品的特殊性,设计了三层超大恒温箱,餐品可冷热分离放置,以保证其送达温度。用户先在客户端点餐,"万小饿"接到订单后启动配送,到达所在楼层后告知用户并进入等待取餐状态,用户根据触屏上的提示打开舱门完成取餐。

(2)美团"小袋"。"小袋"的目标场景是园区门口到用户手中的末端配送。用户在美团App上下单,机器人接到信息等待外卖小哥投递餐品,之后开启配送旅程。在抵达前它会发送短信,用户点击短信连接,即可从自动打开车盖的"小袋"里拿到外卖。与楼宇内电梯系统打通后,可以向电梯发送信息指令,在楼宇内进行餐饮配送。

4. 医院物流

(1)诺亚医院物流机器人。主要聚焦药品、标本、手术室配送三个方向,配送箱体分为整体封闭式和全开放式两种形式。在使用过程中,由医护人员在终端系统下单,库管人员配货,以密码锁和医护人员工作卡登记的形式,进行医用物资的放入和取出。而且,诺亚在配送过程中会发出语音信号,提示和提醒周围人群,及时避障。

(2)钛米自动配送机器人。可应用于不同场景,如一体箱主要用于高级耗材的运输;抽屉式药柜用于普通耗材和药品等配送;冷链式用于运输需要冷藏的药品、检验样本或者医疗器械等;而推车式主要针对手术前被服、器械包的配送。该类配送机器人运送分类详细,管理精细化,统一由医护人员在终端系统申领耗材,再经库管人员扫码配货,最后由医护人员扫码或者指纹识别取货。

5. 酒店服务

(1)"润"。为云迹公司研发的服务机器人,具备配送过程中的自由移动、避障、自主乘电梯等基础功能,陪客人日常闲聊、导航引路和物品配送都是其服务范围。用户可以通过语音对"润"下达运送命令,由工作人员完成配货并输入房间号,即可上门投递,在物品送达房间门口时,它会自动拨打电话,等客人取走物品后,则返回等待下一次任务。

(2)"太空蛋"。为阿里巴巴推出的服务机器人,能为客人提供餐饮服务,客人可以通过语音命令、触摸或手势与它交流。"太空蛋"的前面有两束激光,提醒用户注意其行驶路线;舱门是密闭感应的,方便又卫生;到达客人房间门后,会发出语音提示,客人直接取走物品即可。

3.2.3 无人机

3.2.3.1 无人机的概念

无人机(Unmanned Aerial Vehicle, UAV)是指利用无线电遥控设备和自备的自动驾驶程序控制装置操纵的不载人飞机。

无人机的主要实用价值在于替代人类完成空中作业,并且能够形成空中平台,再结合其他扩展部件进行应用。工业级无人机现在已经广泛应用于农林植保、电力巡线、边防巡逻、森林防火、物流配送等领域。

无人机通信站既可以设在地面,也可以设在车、船或其他平台上。控制人员通过通信站,可以获得无人机信息,给无人机发布指令,控制其飞行,保证其顺利完成任务。无人机的发射方式有地面滑跑起飞、沿导轨发射、空中投放等;一些小型无人机是通过容器内的液压和气压动力发射的。无人机的着陆方式有自动着陆、降落伞回收和拦截网回收等。不同类型、使用环境不同的无人机,可选择不同的系统构成。小型无人机多数采用弹射,大型无人机采用起落架或发射车发射得较多。

3.2.3.2 无人机的主要特征

基于配送需求增加、人力成本上升、服务场景复杂等诸多因素,降低配送成本成为物流企业之间竞争的关键。随着相关软硬件技术的进步,无人机配送已经能够达到了实用性的基本要求,这就促成了物流创新的"变局"——无人机物流。无人机被公认为是解决配送"最后一公里"难题的有效手段。在可预见的将来,物流无人机定将成为现代物流业不可或缺的基础设施,助力物流业实现跨越式发展。

1. 方便高效、超越时空

相比于一般的地面运输,无人机具有方便高效、节约土地资源和基础设施的优点。

在一些交通资源紧张的城市的拥堵区域以及一些偏远地区，地面交通无法畅行，这些客观条件使得物品或包裹的投递比正常情况下耗费更长的时间或更高的成本。在一些特殊的环境和条件下，只有无人机运输方式才能实现"可达性"，这是其他方式所无法替代的。物流无人机通过利用相对闲置的低空资源，能够有效减轻地面交通的负担，节约资源和建设成本。

2. 成本低、调度灵活

相比于一般的航空运输和直升机运输，干线无人机运输具有成本低、调度灵活等优势，并能弥补传统的航空运力空白。随着航空货运需求量逐年攀升，持证飞行员的培养存在短板。干线无人机还可以降低飞行员和机组成员的人工成本等。因此无人机货运的成本相对低廉，且无人驾驶的特点能使机场在建设和营运管理方面实现全要素的集约化发展，这将是未来干线无人机发展的机遇。

3. 实用性强

快递件中85%的包裹质量在2.7千克以下，这个重量的包裹是可以通过无人机完成配送的。无人机最适用于小批量、高频次飞行，将小批量的配送任务交给无人机，可以充分减少人力成本和体力消耗。

我国即将全面进入人口老龄化阶段，因此人口老龄化问题也是整个物流行业不得不考虑的问题。每逢节假日和物流高峰期，人工短缺和服务水平降低的问题往往会暴露无遗。无人机是"会飞的机器人"，将来只要在盘点、运输和配送等物流环节加以合理的开发利用，并辅以周密部署和科学管理，并衔接配合好其他作业方式，就能做到节约人工，协助人力发挥"人机协同"效应，产生最佳的效益。

4. 产能协同和运力优化

在科学规划的基础上，利用互联网+无人机、机器人等技术和方式的优点，取长补短，就能实现产能协同和运力优化。亚马逊、沃尔玛等企业为了处理一些快速交货和连续补货的订单，建设了先进的信息系统、智能仓储系统，并在此基础上优化了业务流程，还规划了智能、高效的无人机城市配送中心（如亚马逊的无人机塔），以及"无人机航母"（如空中配送基地）等。

无人机送货作为一项新技术，是对传统方式的有益补充。传统的"铁公机"、管道运输、水运和多式联运，加上无人机对于末端配送和支线运输的高效率，必将使现代物流的服务效率得到提升，整个物流网的效率、成本和运力也将得到优化和重构。

3.2.3.3 无人机的典型应用场景

1. 大载重、中远距离支线无人机运输

支线无人机的送货直线距离一般在 100~1000 千米,吨级载重,续航时间达数小时。这方面的应用主要包括:跨地区的货运(采取固定航线、固定班次,标准化运营管理)、边防哨所、海岛等物资运输,物流中心之间的货运分拨等。

2. 末端无人机配送

末端无人机配送的空中直线距离一般在 10 千米以内(对应地面路程可能达到 20~30 千米,受具体地形地貌的影响),载重在 5~20 千克,单程飞行时间在 15~20 分钟(受天气等因素影响),这方面的应用比如派送急救物资和医疗用品、派送果蔬等农土特产物品等业务。同时,面对紧急情况,无人机可以第一时间到达现场,并能把现场信息传至指挥中心。

3. 无人机仓储管理

可以通过建设大型高架仓库,进行高架储区的检视和货物盘点。无人机还可以用于集装箱堆场、散货堆场(比如煤堆场、矿石堆场和垃圾堆场)等货栈堆场的物资盘点或检查巡视。

3.2.4 智能储物柜

3.2.4.1 智能储物柜的概念

智能储物柜是一种新型的网络电子寄存柜,能够使电子商务网站与分布在各地的电子寄存柜形成一个完整的电子商务系统。电子商务网站通过网络对智能储物柜进行控制,用户可以通过网站或物流公司发送的密码,到储物柜自行取物,大大降低了物流成本,也解放了顾客的时间。

智能储物柜是一款基于物联网的,能够将物品(快件)进行识别、暂存、监控和管理的设备,与 PC 服务器一起构建投递箱系统。PC 服务器能够对本系统的各个储物箱进行统一化管理,并对各种信息进行整合分析处理。操作人员将快件送达指定地点后,只需将其存入快递投递箱,系统便自动为用户发送一条短信,包括取件地址和验证码,用户在方便的时间到达该终端前输入验证码即可取出快件。该产品旨在为用户接收快件提供便利的时间和地点。

2013 年,国家邮政局正式出台文件鼓励和支持邮政、快递企业及社会资金,投入快递服务末端智能快件箱等自助服务设施建设并推广使用。2015年,国务院出台《关于积极推进"互联网＋"行动的指导意见》,鼓励发展社区自提柜、冷链储藏柜、代收服务点等新型社区化配送模式。2018年,中央一号文件颁布,鼓励地方将推广智能快件箱纳入便民服务、民生工程等项目。

3.2.4.2 智能储物柜的主要类型

1. 机设条码式储物柜

存物时按"存"键,寄存柜主动打印一张暗码条,机器语音提示"请取暗码条"。使用者抽出暗码纸,对应的箱门主动打开,存好后关上箱门。取物时直接将暗码条对准扫描口扫描,对应的箱门会主动打开,同时语音提示"请取完物品后关好箱门"。

2. 非触摸IC卡储物柜

以使用者所持IC卡(即射频卡)作为存放的凭据;当使用者进行存物操作时,须先按一下操作键盘中的"存"键再刷卡(即让寄存柜读取卡号),寄存柜先辨认是否为该场所的IC卡,若不是则回绝存物;若是,机器会把该卡号与分配给使用者使用的存放箱的箱号结合起来,并将信息主动记载,一同主动打开该箱,供使用者存物,存完后使用者关好箱门;取物时,只需先按一下操作键盘中的"取"键再刷卡,寄存柜将读取的卡号与之前记载的箱号进行比对,正确后才会打开该箱供使用者取物(机器会一同主动记载时刻、卡号以备查询)。

3. 指纹式储物柜

以使用者指纹作为存放的凭据。当使用者进行存物操作时,需先按一下操作键盘中的"存"键,然后在指纹收集窗里收集指纹,机器会把该指纹与分配给使用者使用的存放箱的箱号结合起来,并将信息主动记载,一同主动打开该箱,供使用者存物,存完后使用者关好箱门;取物时,只需先按一下操作键盘中的"取"键,然后在指纹收集窗里收集指纹,寄存柜将指纹数据与之前记载的指纹数据进行比对,正确后才会打开该箱供使用者取物(机器会一同主动记载时刻、指纹以备查询)。

4. 联网型非触摸IC卡储物柜

联网型非触摸IC卡储物柜的功用与非触摸IC卡储物柜一致。此外,还添加了网络通信模块、上位机办理软件等,以实现联网监控,分段收费,报表打印等功能。

3.2.4.3 智能储物柜的典型应用场景

1. 解决末端递送的市场需求

随着国内快递市场的快速发展,在快递量飙升以及消费者的便利需求下,智能快递柜开始快速普及并应用到日常生活中。智能快递柜基于物联网,能够将物品(快件)进行识别、暂存、监控并管理。智能快递柜在投入使用的最初是为了解决快递行业产业链"最后100米"的配送难题,而它能进行的业务也不仅仅局限于"送件"。消费者除了收件外还可以在智能快递柜上进行寄件,省下了等待快递员的时间,收寄件变得更方便。

2. "无接触配送"的需求

新冠肺炎疫情的爆发带来了"无接触配送"的发展持续升级,消费者的服务需求也从一开始的正常生活保障配送逐步升级为多功能配送。根据商品的不同特性和消费者的差异化服务需求,社会上开始出现快递柜、取茶柜、取餐柜、消毒柜、保鲜柜、药品柜等各种"无接触配送"设施,这些设施更是可以24小时持续为消费者服务,推进"最后一公里"配送模式的改革。

智能储物柜从内、外两个方面进行改造升级,内即技术升级,包括智能化语音识别、指纹识别、人脸识别、二维码扫码、密码开锁、短信提醒、定时送货、拿货提示等,同时可根据商品属性差异进行产品设计研发,生产不同功能的设施,如冷藏柜、消毒柜、温控柜、移动式存放柜、可放不同规格产品的多功能存放柜等。这样一方面可以满足减少人员接触、避免交叉感染的要求,另一方面可以满足消费者的差异化服务需求。通过消费者与配送员间的有效沟通交流与及时反馈,能够做到更好地满足消费者的个性化需求。

3. 操作可追踪的需求

公检法物证柜是一款应用于公检法等机关单位,用来存储物证、案卷等资料的智能自助存取柜。物证柜通过可靠的通信协议将公安网数据与平台系统无缝对接,使每一个案件卷宗自动生成一个二维码并与负责人关联,管理人员通过扫描二维码,使智能柜门自动打开,将卷宗存入智能柜;亦可通过平台系统将ID卡与工作人员关联,工作人员通过先进行信息验证(人脸识别、指纹识别、刷ID卡等形式),使智能柜门自动打开,将卷宗从智能柜中取出,存取过程自动生成电子台账录入后台系统,作为管理员可随时调阅物证,并对物证去向进行掌控。

将非常重要的卷宗档案资料放在物证柜中保存,不仅可以有效记录存取时间,还能避免各种重要的资料丢失。就算在未来需要清点所有卷宗的时候,执行人员只需要根据智能卷宗柜系统里面的所有数据核对就能得到所有信息。公检法物证柜有自动记忆的功能，只要录入无误，就不会出现差错。物证柜不仅适用于公检法、政务服务部门等政府单位，还适用于企事业单位、银行、档案室、市政大厅等部门间办公文件、案件卷宗交换、审批、存储管理的场所。

项目3.3 其他智慧物流技术设备

3.3.1 智慧装卸搬运设备

3.3.1.1 智慧装卸搬运设备的概念

装卸搬运设备是指用来搬移、升降、装卸和短距离输送物料或货物的机械。装卸搬运设备是实现装卸搬运作业机械化的基础,是物流设备中重要的机械设备。它不仅可用于完成船舶与车辆货物的装卸,还可用于完成库场货物的堆码、拆垛、运输以及舱内、车内、库内货物的起重输送和搬运。

智慧装卸搬运设备是指在全自动化装卸搬运设备基础上应用物联网、人工智能等技术,实现无人环境的智能感知、作业方式的智能选择、作业状态的智能控制以及应急情况的智能处置,从而达到装卸搬运无人化运作要求。

3.3.1.2 智慧装卸搬运的主要类型

1. 按作业内容分类

装卸搬运作业内容可以包括堆垛拆垛、拣选输送、搬运移动等,智慧物流技术应用于上述作业场景中,形成智慧装卸搬运设备,可分为智慧装卸作业设备、智慧搬运作业设备和智慧拣选作业设备。

智慧装卸作业设备一般将装卸、搬运作业操作合二为一,具有良好的系统效果,码垛机器人、智能龙门吊和自动集卡均属于这种类型。智慧搬运设备主要是利用自动导引搬运工具进行物流搬运的作业设备。智慧拣选输送作业设备主要是自动输送机、拣选机器人等。

2. 按机具工作原理分类

按装卸搬运机具的工作原理可将其分为叉车类、吊车类、输送机类、作业车类和管道输送设备类。在智慧装卸搬运设备中,分为智能叉车类、智能吊车类、智能输送机类、无人搬运车等。

3.3.1.3　智慧装卸搬运的典型应用场景

1. 智慧港口中的智能龙门吊和智能集卡

（1）港口远程控制卸货。从整个全球港口的发展趋势来看，智慧港口是全球所有港口企业面临的转型升级与创新的必然趋势。智能龙门吊作为智慧港口的先行探索，对港口智能化的发展具有很强的指导和示范作用。相比于传统操作模式，远程操控下的龙门吊司机只需要在干净舒适的操作室里观察屏幕，操作手柄就可以完成作业。这大大降低了工作的综合挑战性，保障了司机的人身安全。同时，远程操控也大大提升了龙门吊司机的工作效率，原本一名司机只能控制一台设备；而在远程模式下，司机可以控制所有的龙门吊，司机与龙门吊的配比为1∶3或者更多，使作业效率得到了很大提升。

（2）无人驾驶运输。无人驾驶港口集装箱卡车，仅由"底盘＋传感器"构成，采用"无驾驶舱"设计，为中国智能网联汽车在港口的作业提供了很好的表率作用。无人集卡采用无驾驶室纯电动底盘，双电机直驱、双向转向系统，配备激光雷达、高精定位惯导等技术，可实现环境主动感知、自定位、自主智能控制、遥控控制和远程通信五大功能。

2. 智慧仓库中的无人叉车

（1）平面运输。无人叉车的平面运输功能，可适应多种不同的载具，如九脚托盘、川字托盘以及仓储笼等，也有适应无载具的AGV无人叉车，用于场景内短、中、长距离的无人搬运。

（2）上下货架。针对上下货架应用场景，前移式无人叉车可以最高举升9.4米，额定载重1.6吨，运行速度1.5米/秒，可一键切换人工/自动驾驶模式。前移式无人叉车采用先进的视觉SLAM导航技术，无需铺设辅助设施，即可实现无人叉车的精确定位，定位精度达±5毫米；车身搭载3D视觉模块，具备载具、货架检测功能，可自适应载具以及货架；无人叉车中控系统可完成多量及不同种类叉车的调度与协同作业，柔性对接设备和管理系统。

（3）多层堆叠。多层堆叠指AGV无人叉车把物料一层层堆叠起来，有利于提升空间的利用率，此外未来机器人更是突破了7层料笼堆叠技术，料框载具堆叠是工业仓储物流场景中必须的需求，现在越来越多的料框堆叠难度越高，对AGV无人叉车货叉叉端感知和自适应技术的要求也越高。

（4）自动装卸。自动装卸是智能仓储物流环节中的重要技术之一，传统的发货装车采用人工驾驶叉车往货车上堆叠装车，随着人力成本的不断上升，叉车属于特殊工种，从业人员较少，为了解决智能物流"最后一公里"难题，其中一个重要的解决方式是采用

AGV无人叉车自动装卸,真正实现物流智能无人化。

3.3.2 智能包装技术

3.3.2.1 智能包装的概念

早在1992年,在伦敦召开的"智能包装"会议上,专家给出的智能包装定义是:在一个包装、一个产品或产品包装组合中,有一集成化元件或一项固有特性(元件),通过此类元件或特性把符合特定要求的职能成分赋予产品包装的功能中,或体现于产品本身的使用中。

智能包装是一类有基础包装功能后,能够感知、监控、记录以及调整产品所处环境的相关信息以及功能,可将信息便捷、高效地传递给使用者;使用者可与之进行信息交流沟通、易于触发隐含或预制功能的包装总称。

现代物流的信息化发展对包装的智能化提出了更高的要求,因为物流信息化发展和管理的一个基本物质基础就是包装的智能化。物流管理所需要的信息,大部分应该由包装来携带。也就是说,如果包装上的信息量不足或错误,将会直接影响物流管理中各项活动的进行,如果没有包装智能化的配合,现代物流管理所配备的扫描设备、计算机管理都将无用武之地。信息智能包装技术能反映包装物的质量信息和商品流通信息,这给物流管理者和消费者带来了许多方便。

3.2.2.2 智能包装的主要类型

针对目前国际流行的智能包装,按照其技术的特点,分别将其分为功能材料型智能包装、功能结构型智能包装、信息型智能包装。

1. 功能材料型智能包装

功能材料型智能包装指通过应用新型智能包装材料,改善和增加包装的功能,以达到和完成特定包装的目的。目前,研制的材料型智能包装,通常采用光电、温敏、湿敏、气敏等功能材料,对环境因素具有"识别"和"判断"功能的包装。包装材料复合制成,它可以识别和显示包装微空间的温度、湿度、压力以及密封的程度、时间等一些重要参数。这是一种很有发展前途的功能包装,对于需长期贮存的包装产品尤为重要。

2. 功能结构型智能包装

功能结构型智能包装是指通过增加或改进部分包装结构,而使包装具有某些特殊功能和智能型特点。功能结构的改进往往从包装的安全性、可靠性和部分自动功能入手进行,这种结构上的变化使包装的商品使用更加安全和方便简洁。

3. 信息型智能包装

信息型智能包装技术主要是指以反映包装内容物及其内在品质和运输、销售过程信息为主的新型技术。这项技术包括两方面:① 商品在仓储、运输、销售期间,周围环境对其内在质量影响的信息记录与表现;② 商品生产信息和销售分布信息的记录。记录和反映这些信息的技术涉及化学、微生物、动力学和电子技术。信息型智能包装技术是最有发展活力和前景的包装技术之一。

3.3.2.3 智能包装的典型应用场景

1. 可跟踪性运输包装

可跟踪性运输包装的目标就是开发一种有利于自动化管理的运输包装技术形式,使运输容器在流通路线上能被全程跟踪,便于控制中心完成对运输路线和在线商品的调整和管理,达到商品流通运输的快捷化、最佳路径化和低运输成本的目的,借助信息网络和卫星定位系统构筑一个智能型物流体系。

2. 可预测销售包装

可预测销售包装这种智能包装技术能够预测顾客购物的情况,从而最优地管理库存。这里所说的智能包装技术是嵌入产品包装或包装内部的低成本微处理器,以此最终建立无缝的、整合的供应链管理。公司可借此跟踪每件产品从生产到售出的全过程,最终使高度复杂的数据共享成为现实。根据这些信息,实现工厂、卡车、货架、购物车、商品和银行等彼此无缝地传送信息,而无须人工扫描输入。对于企业而言,缩短供应链周期,意味着经营成本的减少。

3. 自动加热和自动冷却包装

这两种包装都增加了包装的部分结构,从而使包装具有部分自动功能。自动加热型包装是一种多层、无缝的容器,以注塑成形的方法制成,容器内层分成多个间隔,容许产品自我加热。它的加热原理是:当使用者拿下容器上的箔,并按压容器底部时,容器内的水及石灰石便会产生化学反应,发放热能,进而令产品加热。自动冷却型包装内置一个冷凝器、一个蒸发格及一包以盐做成的干燥剂,冷却时由催化作用所产生的蒸气及液体会贮藏于包装的底部。这技术也可应用于普通容器,它能在几分钟内将容器内物品的温度降低至17摄氏度。这两种智能自动型包装适合野外作业人士使用,如探险、单车、钓鱼爱好者等。

3.3.3 智能加工技术

3.3.3.1 智能加工的基本概念

在传统的机械加工过程中,具有一定技能和经验的人仍起着决定性作用。技术工人在机械加工中的职责可归纳为如下三点:① 用自己的眼、耳、鼻、舌、身等感觉器官来监视加工状况;② 依据自己的感受和经验,通过大脑判断加工过程是否正常,并做出相应的决策;③ 用四肢对加工过程实施相应的操作和处理。

让机器代替熟练技术工人完成上述类似工作,是智能加工所追求的目标。智能加工是一种柔性度和自动化水平更高的制造技术,它不仅能减少人们的体力劳动,还能减少人们的脑力劳动,使产品制造过程能够连续、准确、高速地自动进行。与现有加工方式比较,智能加工综合应用了传感和处理技术、人工智能技术、实时控制技术这三项基础技术。采用智能加工技术的系统具有自进化的能力,即能自主选取所需数据,不断积累经验;能根据连续监视获取的状态信息创造出新的知识的能力。

3.3.3.2 智能加工的主要特征

1. 自律能力

自律能力即搜集与理解环境信息和自身的信息,并进行分析判断和规划自身行为的能力。智能加工设备在使用过程中表现出来的独立性、自主性和个性,甚至相互间还能协调运作与竞争,是源于强有力的知识库和基于知识的能力。

2. 人机一体化

人机一体化一方面突出人在加工制造系统中的核心地位,同时在智能机器的配合下,更好地发挥出人的潜能,使人机之间表现出一种平等共事、相互"理解"、相互协作的关系,使两者在不同的层次上各显其能,相辅相成。

3. 虚拟现实技术

虚拟现实技术(Virtual Reality)是以计算机为基础,融合信号处理、动画技术、智能推理、预测、仿真和多媒体技术为一体;借助各种音像和传感装置,虚拟展示现实生活中的各种过程、物件等,因而也能拟实制造过程和未来的产品,从感官和视觉上使人获得完全如同真实的感受。但其特点是可以按照人们的意愿任意变化,这种人机结合的新一代智能界面,是智能加工的一个显著特征。

4. 自组织超柔性

智能加工系统中的各组成单元能够依据工作任务的需要,自行组成一种最佳结构,其柔性不仅突出在运行方式上，而且突出在结构形式上，所以称这种柔性为超柔性，如同一群人类专家组成的群体，具有生物特征。

5. 学习与维护

智能加工系统能够在实践中不断地充实知识库，具有自学习功能。同时，在运行过程中对故障自行诊断，并具备对故障自行排除、自行维护的能力。这种特征使智能加工系统能够自我优化并适应各种复杂的环境。

3.3.3.3 智能加工的典型应用场景

1. 石油石化智能加工设备

集成开发具有在线检测、优化控制、功能安全等功能的百万吨级大型乙烯和千万吨级大型炼油装置、多联产煤化工装备、合成橡胶及塑料生产装置。

2. 冶金智能加工设备

集成开发具有特种参数在线检测、自适应控制、高精度运动控制等功能的金属冶炼、短流程连铸连轧、精整等成套装备。

3. 智能化成形和加工成套设备

集成开发基于机器人的自动化成形、加工、装配生产线及具有加工工艺参数自动检测、控制、优化功能的大型复合材料构件成形加工生产线。

4. 自动化物流成套设备

集成开发基于计算智能与生产物流分层递阶设计、具有网络智能监控、动态优化、高效敏捷的智能制造物流设备。

5. 建材加工成套设备

集成开发具有物料自动配送、设备状态远程跟踪和能耗优化控制功能的水泥成套设备、高端特种玻璃成套设备。

6. 智能化食品加工生产线

集成开发具有在线成分检测、质量溯源、机电光液一体化控制等功能的食品加工成套装备。

7. 智能化纺织加工装备

集成开发具有卷绕张力控制、半制品的单位重量、染化料的浓度、色差等物理、化学参数的检测仪器与控制设备，可实现物料自动配送和过程控制的化纤、纺纱、织造、染整、制成品等加工成套装备。

8. 智能化印刷装备

集成开发具有墨色预置遥控、自动套准、在线检测、闭环自动跟踪调节等功能的数字化高速多色单张和卷筒料平版、凹版、柔版印刷装备、数字喷墨印刷设备、计算机直接制版设备(CTP)及高速多功能智能化印后加工装备。

知识练习

单选题

1. 在决策智能化方面,无人仓能够实现成本、(　　)、体验的最优。
   A. 拣选　　　　B. 运营　　　　C. 效率　　　　D. 补货

2. 无人驾驶车辆是智能汽车的一种,也称(　　)机器人。
   A. 轮式移动　　B. AGV　　　　C. 码垛　　　　D. ATW

3. 无人机的简称是(　　)。
   A. UPM　　　　B. UPA　　　　C. UAA　　　　D. UAV

4. 智能穿戴是伴随着新的通信技术、(　　)、微电子技术不断发展而产生的。
   A. 传感技术　　B. 计算机技术　C. 大数据技术　D. 元宇宙

多选题

1. 无人仓的特征包括(　　)。
   A. 作业无人化　　　　　　　　B. 运营数字化
   C. 决策智能化　　　　　　　　D. 高度自动化

2. 仓储机器人包括(　　)。
   A. 码垛机器人　　　　　　　　B. AGV机器人
   C. 搬运机器人　　　　　　　　D. 分拣机器人

3. 无人车的特征包括(　　)。
   A. 防抱死　　　B. 模块化　　　C. 自动泊车　　　D. 安全稳定

4. 智能穿戴设备产品按照其主要功能可划分为(　　)。
   A. 生活健康类　B. 交互类　　　C. 体感控制类　　D. 信息资讯类

简答题

1. 简述无人仓的定义。
2. 简述无人仓的主要应用场景。
3. 简述无人机在物流行业的运用。
4. 智能穿戴设备从产品形态上如何划分？

实践练习

无人配送车的操作练习

实践目的

1. 能了解无人配送车的基本运维原理。
2. 能够操作常用型号的无人配送车，并完成配送任务。
3. 能够结合无人配送车的运营情况进行市场分析。

实践组织

以小组为单位，在教师的带领下用本校或者其他部门正在运营的无人配送车开展实践操作，并结合操作体验撰写分析报告。

实践内容

以学生所在的学校或其他企业、小区等正在运营的无人配送车，学习无人配送的运营操作流程，结合无人配送车运营情况进行市场分析。

考核要求

1. 小组合作，分工合理。
2. 操作练习认真仔细，任务完成。
3. 合理化建议表述清晰，可操作性强。

项目 4

智慧物流信息管理

 学习目标

- 掌握智慧物流信息系统的基本概念、主要特征和主要功能
- 掌握自动化立体仓库管理系统和智慧仓储可视化管理系统的工作流程。
- 了解智能运输系统的主要功能和系统组成
- 了解网络货运平台的主要功能和工作流程
- 深刻体会智慧物流信息管理工作的细致性、规范性要求,理解提升物流职业信息化素养的必要性

学习导航

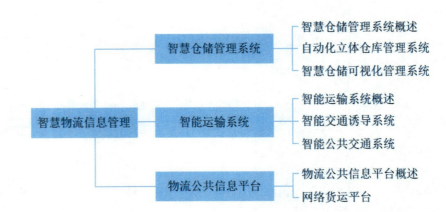

引导案例

路歌成为全国首家5A级网络货运平台

为贯彻实施中国物流与采购联合会(以下简称"中物联")团体标准——《网络货运平台服务能力评估指标》,促进网络货运平台企业的规范经营和健康发展,按照公开、公平、公正、自愿的原则,中物联开展了网络货运平台企业服务能力的评估工作。2020年7月25日,合肥维天运通信息科技股份有限公司(路歌)通过"5A级网络货运平台物流企业"现场评估,为全国首家通过评估的平台企业。

路歌自成立至今一直专注中国公路干线运输,服务涵盖物流全产业链,得到国家多个部委的高度认可:于2016年被国家商务部认定为"全国智慧物流配送示范企业";于2017年被国家交通部确定为中国首批"无车承运人"试点单位,被国家工信部授予"国家中小企业公共服务示范平台";于2018年被国家发改委、交通部、网信办联合授予"骨干物流信息平台试点单位";于2019年被国家发改委认定为"全国物流运行监测点"单位。2017年和2018年申请区块链专利,名列全球区块链专利百强名单65位和74位,是全国唯一一家上榜的物流企业。2019年路歌集团营业收入超200亿元。

此次路歌顺利通过5A级评估,为网络货运的规范发展起到了模范作用,引领了行业发展,是网络货运行业发展的又一突破。

项目 4.1　智慧仓储管理系统

4.1.1　智慧仓储管理系统概述

4.1.1.1　基本概念

智慧仓储管理系统是由立体货架、有轨巷道堆垛机、出入库输送系统、信息识别系统、自动控制系统、计算机监控系统、计算机管理系统以及其他辅助设备组成的智能化系统。系统采用一流的集成化物流理念设计,通过先进的控制、总线、通信和信息技术应用,协调各类设备动作实现自动出入库作业。

4.1.1.2　主要特征

1. 高密储存,节省土地资源

我国的土地资源一直非常稀缺,如何把比较有限的土地资源进行最大限度的运用已变成很多企业追求的总体目标。智慧仓储管理系统软件运用高层住宅仓储货架存储货品,最大限度地运用室内空间,可大幅度减少土地资源成本费。与一般库房相比,智能化自动化仓库能够节约60%以上的土地面积。

2. 无人工作,节约人力

当前我国面临人力资源管理成本费逐渐提高、人口老龄化趋势明显等问题,智慧仓储管理系统软件完成智能化工作,不但能大幅节约人力资源管理,降低人工成本,还能够更好地满足黑暗、超低温、有害等独特自然环境的要求,使智慧仓储管理系统软件具备更加广阔的应用前景。

3. 设备管理方法,防止损害

智慧仓储管理系统软件选用电子计算机开展物流仓储管理,能够对进库货品的数据信息进行记录并监管,可以保证"先进先出法""全自动汇总",防止货品脆化、霉变,也可以降低货品损坏或遗失导致的损害。

4. 账实同步,节省资产

智慧仓储管理系统能够保证账实同步,并可与企业内网结合。企业只需创建有效的库存量,就可以确保生产制造整个过程畅顺,进而进一步提高企业的现金流量,降低多余的库存量,另外也防止了人为失误导致的错账、漏账、呆账、账实不一致等难题。尽管智慧仓储物流管理系统原始资金投入很大,但一次资金投入可长期性获益,整体而言可以完成资产的有效运用。

5. 自动控制系统,提高工作效率

智慧仓储管理系统软件中物件进出库全是由电子计算机机械自动化的,可快速、精确地将物件运输到指定位置,降低运输车的待装待卸时间,可进一步提高库房的储存资金周转效率,减少储存成本。

6. 管理信息系统,提升品牌形象

智慧仓储管理系统软件的创建,不但能提升企业的管理信息系统水平,还能提高企业的总体品牌形象及其在顾客心中的影响力,为企业获得更高的销售市场,从而造就更高的财富价值。

4.1.1.3 主要功能

1. 仓库管理

智慧仓储管理系统针对一般企业仓库的入库、出库、退货、盘点、包装、成本价格报表等模块,是对仓库常见事物的综合处理,并且能够统一仓库信息数据,监控企业仓库库存,也可帮助企业仓管人员及时跟进产品的流通情况。具体而言,智慧仓储管理系统对于库存盘点过程的历史数据以及现有数据,自动生成企业的盈亏额,实现自主计算出库存数量和金额的变化表;对商品入库上架过程进行审核,一次提高系统数据的安全性和准确度。同时,智慧仓储管理系统还能人工设置商品库存数量的上下限,一旦仓库库存量过高或者过低都会自动报警。

2. 销售管理

智慧仓储管理系统的销售管理,主要包含销售订单、商品出库、客户退货以及数字统计查询等功能。一般客户下单后,智慧仓储管理系统就能够自动追踪每个订单的完成情况,支持多次出货,系统会自动为企业调整库存数量,并且保留每次销售的详细数据。此外,如果客户要求自己上门取货,系统会通过销售出货单出货。对每一种单据都能支持随时查询具体情况。

3. 采购管理

智慧仓储管理系统包括采购订单、采购入仓、采购退货以及查询统计功能等功能。企业先给采购单,然后根据进货情况,系统能够汇总核算采购订单的完成度。同一个客户订单,多次进货,智能仓储管理系统能够准确地记录、核算库存和金额。

4. 资料管理

智慧仓储管理系统储存的基本资料,比如客户信息、商品信息、员工信息、供应商信息等,不但能够随时查询,还支持后期操作,如打印订单信息、价格、支付等信息,可以人工设置打印区域;支持自动导入数据,及时添加保存,让原始数据保持一致。一旦更换其他系统或使用外界数据,能够快捷地进行数据转化,匹配自身系统。

4.1.2 自动化立体仓库管理系统

4.1.2.1 基本概念

自动化立体仓库管理系统就是使用计算机实现对自动化立体仓库和输送设备全面的运行过程控制、实时监视以及物流信息管理与跟踪。物流信息管理包含作业计划、作业调度、作业过程以及作业变动等,自动化立体仓库管理系统是自动化立体仓库系统中的灵魂和中枢。

4.1.2.2 系统构成

自动化立体仓库管理系统包括外部信息系统层、物流计算机系统层和物流作业执行层。其中计算机系统又可分为系统接口、仓库管理(WMS)、调度控制(WCS)三大模块,分别实现与外部信息系统的接口、物流管理层和物流调度层相应的功能。通过对物流主机设备、物流电控系统、物流计算机系统的数据库服务器、应用服务器、管理软件等统一配置,实现对物流自动化系统的统一管理和调度。自动化立体仓库管理系统如图4.1所示。

自动化立体仓库管理系统架构分层设计、分层控制,各层之间相对独立,下层不依赖上层,当上层系统故障时,下层系统仍然可以独立运行,系统可实现联机全自动运行、单机自动、手动单机运行等多种运行模式,满足不同情况下系统运行要求。

系统采用模块化设计、开发,各模块间相互独立,当某个模块运行异常时,不影响其他模块的正常运行,当异常模块恢复正常时,系统可自行恢复。

系统整体集成性良好,各模块间通过标准接口无缝集成,数据实时交互,系统运行稳定可靠。

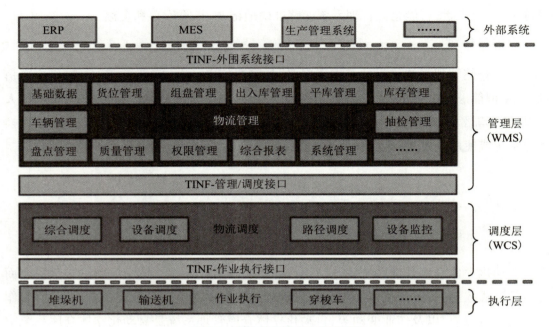

图 4.1　自动化立体仓库管理系统

1. 仓库管理模块（WMS）

仓库管理模块实现仓库管理层的功能，通过对物料托盘和仓库货位进行全面的信息化管理和对调度模块的信息进行收集归类、整理和分析，实现仓库物料的自动化存储和出入库，及时准确地反映仓库物料的收发情况、储备状况，可有效避免物料在生产过程中出现积压或短缺，有效控制物料的存储成本，为企业生产决策提供准确、快捷的材料和数据。

2. 物流调度模块（WCS）

物流调度模块是连接物流管理层及设备执行层的枢纽，其功能是实时接收物流管理系统下达的任务指令，分解并通过作业接口层下达给具体的作业执行层，对物流过程做统一的调度，并对各个物流环节、现场关键设备及工艺点进行监视、控制。系统设计通过对象转换插件的方法，集成不同厂家、不同类型的物流设备，提供集中控制操作、状态监视、报警显示、日志记录等功能。

3. 系统接口模块（API）

系统接口模块具体包括与外围管理系统、设备执行系统以及仓库管理模块和仓库调度模块之间的标准接口。系统接口模块通过标准化接口协议和接口方式进行对接，可以集成不同厂家的系统模块，通过标准接口业务适配器（也可针对具体项目可定制接口业务适配器接入系统），由接口服务进行统一管理。

物流管理系统与外围管理系统的接口主要负责接收与处理上层管理系统的出入库单据、物料基础信息等，为上层管理系统提供反馈库存信息等，实现企业信息的自动流转，为企业物料的流动提供较高的可跟踪性。

4. 物流作业执行系统

物流作业执行系统是集成了各种执行设备的工业控制网或专用PLC、PC控制子系统，其功能是接受调度模块下达的指令，驱动物流设备完成相关动作，实现物料自动化输送和流转。具体设备系统包括：输送机控制系统、环形穿梭车控制系统、堆垛机控制系统等。

4.1.2.3 工作流程

1. 入库管理

入库作业流程如图4.2所示，包括以下步骤：

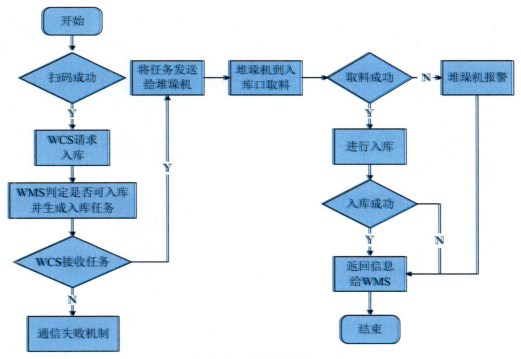

图4.2 入库作业流程

（1）入库口接收到需要入库的信息。

（2）WCS向WMS发送带托盘编号的"可入库指令"，WMS向WCS发送任务，WCS将任务指令反馈给堆垛机。

（3）堆垛机取料成功，直接将物料取走。如果取料失败，那么可通过WCS反馈信息给WMS，WMS对任务进行处理（堆垛机需要能反馈各种故障状态信息）。

（4）堆垛机放料，放料成功与失败，都需反馈信息给WCS，WCS反馈信号给WMS。

2. 出库管理

出库作业流程如图4.3所示，包括以下步骤：

（1）WMS接收到出库请求，WMS发送出库请求给WCS系统，WCS按照预先设置的出库规则发送指令给堆垛机。

（2）堆垛机取料成功，直接将物料取走，取料失败，WCS反馈失败信息给WMS，WMS对任务进行处理。

（3）堆垛机放料，放料成功与失败，都反馈信息给WCS，WCS反馈失败信息给WMS，WMS根据不同的错误代码进行相应的处理。

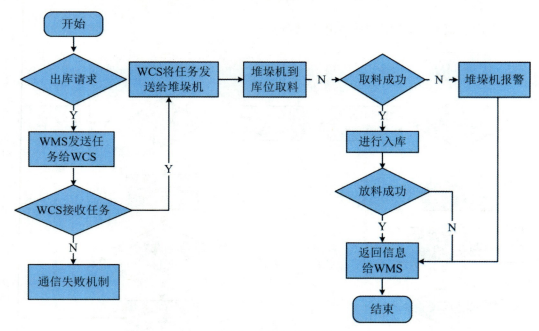

图4.3　出库作业流程

3. 库存查询

（1）通过WMS系统的库存管理的界面，点击查看详细库位可以查询某库位的详细信息，如图4.4、图4.5所示。

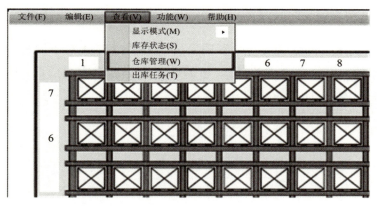

图 4.4　库存查询

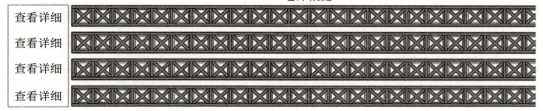

图 4.5　库存"详细查询"

（2）点击"查看详细"，如图 4.6 所示。

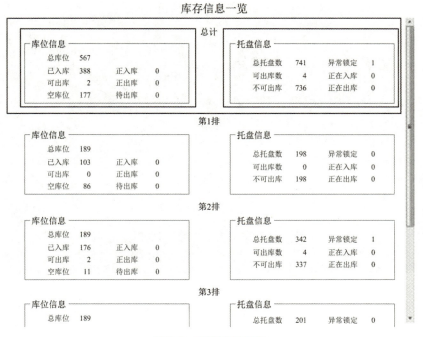

图 4.6　库存查询结果

4. 盘点管理

对于经审核通过的盘点单,仓库管理人员使用手持PDA对于原材料托盘和库位分别进行扫码,系统自动生成盘点差异单,更新系统库存,并将库存信息实时同步到ERP系统,其工作流程如图4.7所示。

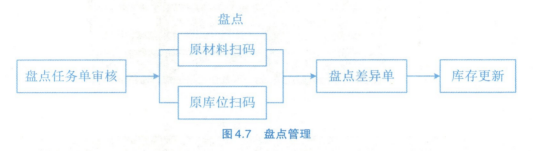

图4.7　盘点管理

4.1.3　智慧仓储可视化管理系统

4.1.3.1　基本概念

智慧仓储可视化管理系统利用WMS系统的管理功能,更可以及时掌握所有库存货物当前所在位置,有利于提高仓库管理的工作效率(如图4.8所示)。

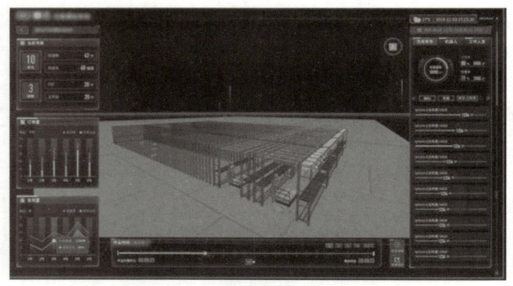

图4.8　智慧仓储可视化管理系统

4.1.3.2 主要功能

1. 多库存预警,控制更加合理

设置上限和下限报警线,当商品的当前库存超过上限和下限时,自动报警给仓库管理者,提醒管理者采取相应的措施(如图4.9所示)。

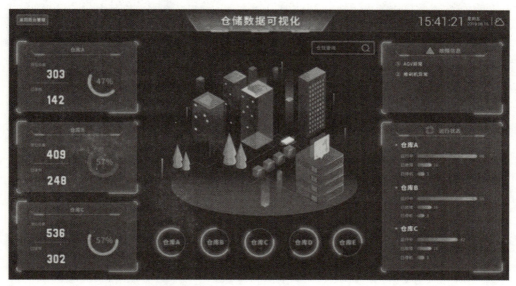

图4.9 多库存预警

2. 支持多点、多仓、多货主的管理

满足3PL公司及大型集团内部物流公司的业务需求,满足生产型企业原料仓库/线边库/成品库/销售仓库/VMI仓库管理,通过WEB-SERVICE功能,并支持同一产品不同属性与不同单位管理,并实现多单位换算,避免重复输入产品信息,可实现多个仓库/各类形式仓库库存一体化管理(如图4.10所示)。

3. 对应多种作业模式

通过流程设定,可为不同的商品类别设定不同的出入库流程,以提高仓库作业效率、简化作业。

4. 对应多种行业的商品管理需求

通过商品管理属性设定,可对应不同商品种类的管理需求(如生产日期/保质期、式样/颜色/尺寸/批号等),并对产品的生命周期严格管控,有效避免因商品过期而造成损失(如图4.11所示)。

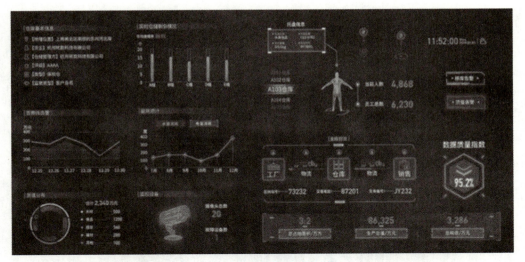

图4.10 多点、多仓、多货主管理

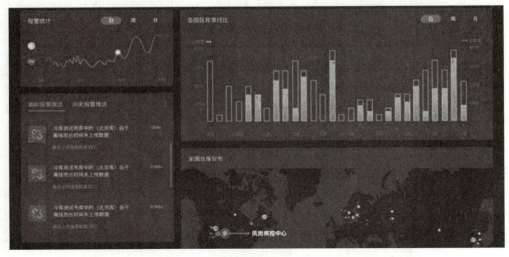

图4.11 进行多种行业的商品主管理

5. 支持现代物流设备、物流技术的应用和多种外部系统的交换模式

支持条码、RF、HHT、RFID、DPS、自动立体库、分拣机、短信平台等现代物流技术的应用,可通过XML/EDI接口,也可采用文件形式进行数据传送,和其他系统无缝连接、实时连动。

6. 用户界面友好

普通用户可方便地定义功能菜单、画面风格、画面显示项目、项目名称,提高使用效率和舒适度。

7. 提高对客户服务水平

提供在线库存查询、订单状态查询、资金管理等功能，支持资金收款、付款、预收款、预付款、期初等多种需求，同时支持销售开票、采购收票管理，为客户提供全面信息增值服务。

4.1.3.3　工作流程

1. 货物定位可视化管理流程

首先为货物粘贴RFID电子标签，通过读写器可以将该批次货物进行日期、货物种类、货物所属客户等一系列信息记录到RFID电子标签当中。同时将货物运输到指定货位后，再次使用读写器为该批货物进行货架定位，并传输到系统当中，通过上述一系列的操作，管理者可以在屏幕上看到整个仓库中每批货物的所在位置及信息。

当货物需要运输出库的时候，同样通过读写器一次性读取信息并传输到系统当中，高效快捷地实现出库过程，相较于传统的出库流程节约了大量的人力与时间，并且在货物装车后，车上载有GPS定位系统可以有效与RFID物流仓储管理系统进行对接，实时反馈该批货物在哪个位置，同时车辆内可以装载有温度传感器等设备，对于有特殊需求的货物进行实时数据反馈，从而实现对货物的精细化管理。

2. 仓库内运作可视化管理流程

分别为叉车、工作人员提供相应的RFID电子标签，并结合RTLS（实时定位系统），就可以实现仓储物流业对货物、叉车、推车、人员等对象的精确实时定位，同时使仓库管理系统对库存调配和位置状态完全可视化、优化调配。通过RFID物流仓储管理系统的仿真仓库和车间，以及相应的管理流程程序，真正地实现对仓库内的运作进行可视化的管理流程，同时也具有生产安全及货物预警等功能。

项目4.2 智能运输系统

4.2.1 智能运输系统概述

4.2.1.1 基本概念

根据我国《物流术语》(GB/T 18354—2021),智能运输系统(Intelligent Transport System,ITS)是指在较完善的交通基础设施上,将先进的科学技术(信息技术、计算机技术、数据通信技术、传感器技术、电子控制技术、自动控制理论、运筹学、人工智能等)有效地综合运用于交通运输、服务控制和车辆制造,加强车辆、道路、使用者三者之间的联系,从而形成的一种保障安全、提高效率、改善环境、节约能源的综合运输系统。

智能运输系统实质上就是利用高新技术对传统的运输系统进行改造而形成的一种信息化、智能化、社会化的新型运输系统。它使交通基础设施能发挥最大的效能,从而获得巨大的社会经济效益,主要表现在提高交通的安全水平,增强道路网的通行能力,提高汽车运输的生产率和经济效益。

4.2.1.2 主要特征

1. 综合性

智能运输系统是由若干系统组成的综合系统,各个系统具有独立的功能,系统涉及多个管理和技术的领域。

2. 协调性

智能运输系统各个子系统之间不是相对独立的,而是通过系统之间信息的共享和交流,达到协同工作的目的。

3. 层次性

组成智能运输系统的各个子系统并不是对等的,而是位于不同层次并存在控制与被控制或者协调关系,同时通过这种关系实现设计目的。

4. 复杂性

组成元素之间联系密切,导致智能交通系统结构的复杂性,这种复杂性表现在技术上的复杂性、各个子系统之间协议和接口的复杂性上。

4.2.1.3 主要功能

1. 智能交通管理系统

智能交通管理系统(Advanced Traffic Management System,ATMS)主要提供给交通管理者使用,它将对道路系统的交通状况、交通事故、气象状况和交通环境进行实时监视,并将实时处理和评价收集到的信息,以便对交通进行实时有效的控制,如信号灯管理、诱导信息发布、道路管制、事故处理与救援等。

2. 智能交通信息系统

智能交通信息系统(Advanced Traffic Information System,ATIS)能够为出行者提供准确实时的地铁、轻轨和公共汽车等公共交通的服务信息。系统的核心是通过电子出行指南来收集各种公共交通设施的静态和动态服务信息,并向出行者提供当前的公共交通和道路状况等,以帮助出行者选择出行方式、出行时间和出行路线。

3. 智能公共交通系统

智能公共交通系统(Advanced Public Transportation System,APTS)通过车辆卫星等定位技术掌握管辖路网内的公交车辆运行和分布信息,并在公交车站及时向乘客显示实时状况,同时经信息处理后提供车次选择、合理换乘、出行时间等咨询服务,大大方便公众的出行。

4. 智能车辆控制系统

智能车辆控制系统(Advanced Vehicle Control System,AVCS)的目标是辅助驾驶员自动控制车辆行驶,它依靠传感器和信息显示系统,根据交通规则和处理方法的程序库,对于发生某种特殊事件能够及时做出反应,并控制车辆避免碰撞等事故发生。

5. 智能商用车辆系统

智能商用车辆系统(Commercial Vehicle Operations,CVO)是包括重型载货车自动称重以及出租车等在内的商用车辆更安全、经济、迅速地运输的管理体系。

6. 电子收费系统

电子收费系统(Electronic Toll Collection,ETC)指在高速公路收费站、停车场或车站收费站实现电子自动收费。

7. 应急管理系统

应急管理系统(Emergency Management System,EMS)是一个特殊的系统,它的基础是ATIS/ATMS和有关救援机构及设施。它通过ATIS和ATMS将交通监控中心与救援机构联成有机整体,为道路使用者提供车辆故障现场紧急处置、拖车、现场救护和排除事故车辆等服务。

4.2.2 智能交通诱导系统

4.2.2.1 基本概念

智能交通诱导系统是基于电子、计算机、网络和通信等现代技术,根据出行者的起讫点向道路使用者提供最优路径引导指令,或是通过获得实时交通信息帮助道路使用者找到一条从出发点到目的地的最优路径。

这种系统的特点是把人、车、路综合起来考虑,通过诱导道路使用者的出行行为来改善路面交通系统,防止交通阻塞的发生,减少车辆在道路上的逗留时间,并且最终实现交通流在路网中各个路段上的合理分配。

4.2.2.2 系统组成

交通诱导系统一般由三个部分组成:交通信息控制中心、通信系统、交通诱导信息发布系统。

1. 交通信息控制中心

交通信息控制中心负责从交通网络中收集各种实时的交通信息,并进行信息处理。通过交通信息采集单元,对系统所需的原始数据进行采集,如道路现状、交通流量、交通流速、道路占有率等,并形成交通信息数据库,供诱导信息生成模块和UTFGS的其他子系统共同使用。交通信息采集单元的核心是信息检测器,主要种类有电感环检测器(环型感应线圈)、超声波检测器、红外检测器、雷达检测器、视频检测器等。

交通信息控制中心的另外一个重要部分是信息处理与控制模块,主要完成本子系统的数据获取、数据处理、诱导方案制定、数据存储等功能。交通诱导信息处理与控制计算机设置在指挥中心和分中心的大厅里的控制台上,对经过工作人员人工确认后的交通信息和指挥管理信息接收并进行处理,输入或发布信息(或指令),向车载终端、电台、电视台和互联网发布交通诱导信息,设置交通信息板和交通诱导屏的显示参数等。

2. 通信系统

通信系统负责信息控制中心与道路上车辆之间的数据交换。通常控制信息与诱导信息的传输,可以通过有线传输和无线传输两种方式来进行。对于有线IP/RS232通信方式,要求统筹考虑,采用复用光端机的方法,利用光纤就可以将前端设备与交通指挥中心或分控中心连接起来。对于无线传输方式,无线通信支持移动终端或路口设备的无线数据网。

3. 交通诱导信息发布系统

交通诱导信息发布,主要是指通过车载终端、电台及电视台、互联网、外场诱导显示设备(可变交通信息板和交通诱导显示屏)把交通诱导信息发布出去。

(1)车载导航系统。车载导航系统负责将车辆位置、速度、乘员需求等信息发送给信息控制中心,接收信息控制中心传来的数据,并根据乘员的需要显示导航信息。车载导航系统显示分为无交通信息显示和有交通信息显示两种。无交通信息显示的界面只给出了车辆的位置、车辆与目标地之间的道路情况及相关的地图;有交通信息显示的界面不仅给出了上述情况,还以颜色表示哪些道路畅通、哪些道路拥堵、哪些道路可供选择,同时还提供停车信息和交通管制信息。

(2)可变交通信息板。可变交通信息板根据交通部颁布的交通行业标准JT/T 431—2000《高速公路LED可变信息标志技术条件》而设计,由显示屏、控制器及内置控制软件、机箱、框架、电器保护和防雷装置、基础安装连接件、成对调制解调器、安装所需的电力电缆及信号光缆工程等组成,由交通信息中心计算机通过综合通信网实行远程控制,向司机及时发布不同路段的比较简单的警告警示信息、交通诱导信息和公众信息,并进行交通法规、交通知识的宣传,从而有效疏导交通,促进行车安全。

(3)交通诱导屏。交通诱导屏除了显示文字信息外,还可以显示直观而比较简单的图形线路信息。

4.2.2.3　信息种类

交通诱导系统主要发布三类信息:警告警示信息、交通诱导信息和公众信息。

1. 警告警示信息

这类信息主要是根据与交通诱导信息发布系统联动的那些卡口监控系统所提供的监控数据,发布其管辖范围内行驶车辆的超速违章等信息。

2. 交通诱导信息

根据交通、天气及指挥调度部门的指令及时显示交通诱导信息,例如,施工地段设置管制、强风、浓雾等警示标语及简单图形,从而让驾驶人员提前了解道路状况,避免交通阻塞,减少交通事故的发生。同时还可根据路面的实际情况显示限速值,有效地对交通流进行诱导,使高速公路的交通更加畅通。

3. 公众信息

这类信息主要是一些人性化的友好提示信息,如谨慎驾驶、注意安全、请勿疲劳驾驶等。另外，还包括一些其他信息，如热烈欢迎领导前来视察指导工作、庆祝国庆等。

4.2.3 智能公共交通系统

4.2.3.1 基本概念

智能公共交通系统是智能运输系统（ITS）的核心子系统。它在公交网络分配、公交调度等关键基础理论研究的前提下，利用系统工程的理论和方法，将现代通信、信息、电子、控制、计算机、网络、GPS、GIS等高新技术集成应用于公共交通系统，并通过建立公共交通智能化调度系统、公共交通信息服务系统、公共交通电子收费系统，实现公共交通调度、运营、管理的信息化、现代化和智能化，为出行者提供更加安全、舒适、便捷的公共交通服务，从而吸引人们选择公交出行，缓解城市交通拥挤，有效解决城市交通问题，创造更多的社会效益和经济效益。

4.2.3.2 系统构成

智能公共交通系统主要由公交信息中心、车载子系统、电子站牌子系统构成。

1. 公交信息中心

公交信息中心主要由信息服务系统、地理信息系统、大屏幕显示系统、协调调度系统和紧急情况处理系统、通信系统组成。信息服务系统负责向用户提供公交信息，如乘车信息、行车时刻表信息、票价信息等。地理信息系统接收定位数据，完成车辆信息的地图映射，其功能包括地理信息和数据信息的输入输出、地图的显示和编辑、车辆信息的处理、GPS数据的接收和处理等。大屏幕显示系统主要的功能是实时显示车辆运行状况。协调调度系统用于发布调度指令，合理调配车辆。紧急情况处理系统在接收到紧急情况信息后，及时与交通管控中心和紧急救援中心联系，完成紧急情况处理任务。通信系统完成整个信息中心的对外联络任务。公交信息中心的硬件系统主要由综合信息处理服务器、通信服务器、大屏幕工作站和通信设备组成。

2. 车载子系统

车载子系统由GPS定位单元、无线数据和语音收发单元组成。其中GPS定位单元主要完成定位数据的接收，无线数据和语音收发单元完成定位数据和语音信号的传输。

3. 电子站牌子系统

电子站牌由单片机系统、GPRS通信系统、点阵和数码显示屏组成。公交信息中心经过一系列数据处理，快速推算出下一班公交车距离乘客等候站亭的时间，通过GPRS

通信系统发送给数字站牌,每个站牌只接收属于自己站牌的信息,由站牌上的滚动显示屏显示出来。显示屏还可以显示天气预报、广告、北京标准时间等多种服务信息,以及后续的公交车当前位置情况(用二极管显示)、乘车人数等信息。

4.2.3.3　主要功能

智能公交系统集自动定位技术、无线通信技术、GIS(地理信息技术)等技术于一体,实现公交车辆的定位、线路跟踪、自动语音报站、班车路线管理、报表统计、班车路线统计、实时视频监控、车辆调度管理、调度排班、驾驶员管理、油耗管理等功能,以及公交线路的调配和服务能力,实现区域人员集中管理、车辆集中停放、计划统一编制、调度统一指挥,使人力、运力资源在更大的范围内进行动态优化和配置,降低公交运营成本,提高调度应变能力和乘客服务水平,最终推动智慧交通与低碳城市的建设。

项目 4.3　物流公共信息平台

4.3.1　物流公共信息平台概述

4.3.1.1　基本概念

从技术角度来看,物流公共信息平台是指采用计算机、网络和通信等现代信息技术构筑虚拟开放的物流网络平台,它是把物流活动中的各方有机联系起来的一个信息系统支撑体系,是信息和通信技术在跨组织物流运作中的一种应用形态,是物流企业及相关部门之间进行信息交互的一种公共架构,目的是改进组织间协调机制,提高物流运作效率。它是一种特殊的跨组织信息系统(Inter-organizational Information Systems,IOS),对物流各个环节的相关信息进行收集和处理并提供给企业、政府和相关行业,满足其对信息的需求,支撑物流管理信息系统各种功能的实现,同时通过信息支持政府管理、行业管理与市场规范化管理方面协同工作机制的建立。

4.3.1.2　主要功能

1. 可以实现物流信息资源的整合与共享

为了提高物流运作效率,企业需要对物流系统各环节、社会物流资源进行全面了解和动态跟踪,通过平台将社会各个物流部门的信息资源进行整合,在一定范围内进行系统内共享。

2. 可以加强社会各部门之间的协同管理

通过物流公共信息平台,政府部门、行业监管部门与企业之间建立协同工作机制,可以提高物流业的行业管理、发展与规划的科学性,为企业参与国内外市场竞争提供平等的舞台。

3. 可以优化供应链管理水平

物流公共信息平台可以实现行业间、企业间、企业与客户间的信息沟通,形成供应链管理环境下的平台体系结构,进而提升物流整体服务水平。

4.3.1.3　主要类型

根据物流公共信息平台的不同应用主体,可以划分为行业性物流公共信息平台和区域性物流公共信息平台。根据物流公共信息平台的不同服务范围,可以划分为国家级物流公共信息平台、省级物流公共信息平台、企业级和园区物流公共信息平台等。

1. 按应用主体分类

按应用主体分类,可分为行业性物流公共信息平台和区域性物流公共信息平台。

（1）行业性物流公共信息平台

行业性物流公共信息平台主要用于企业内部及企业供应链上下游之间的信息共享,协调各行业间的信息处理平台,负责提供具有行业特点的物流监管、供求信息,以及相关的商业化开发和增值服务。例如,目前国内具有代表性的行业性物流公共信息平台中国医药物流网和中钢在线,如图4.12、图4.13所示。

图4.12　中国医药物流网

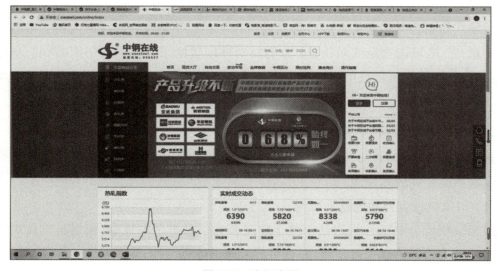

图4.13　中钢在线

（2）区域性物流公共信息平台

区域性物流公共信息平台是国家对区域内平台的协调和地方性信息的处理平台，从应用角度来讲，与国家级物流公共信息平台的角色类似，只是范围要小些，但管理上不是由机构来直接管理，可以考虑由区域内省市联合管理。例如，南方现代物流公共信息平台是全国首个区域性大型物流公共信息平台，如图4.14所示。

图4.14　南方现代物流公共信息平台

区域性物流公共信息平台是区域物流活动的神经中枢，是利用现代计算机技术和通信技术，把物流活动中的供、需双方和运输业者及管理者有机联系起来的一个信息系统支撑体系。

区域性物流公共信息平台的具体功能可以包括以下内容：① 区域内各省市政府监管的信息；② 区域内物流需求信息；③ 有针对性地建立东北、华北、华南、西北、华东等物流频道，各区域物流频道负责协调相应区域内的物流资源；④ 相关商业化开发和增值服务。

2. 按服务范围分类

按服务范围分类，可分为国家级物流公共信息平台、省级物流公共信息平台、企业级和园区物流公共信息平台。

（1）国家级物流公共信息平台

国家级物流公共信息网络处于整个物流公共信息平台的顶层，通过标准接口或网络与国外物流公共信息平台相连，并进行相互间的数据交换；省级物流公共信息平台和行业性物流公共信息平台通过IP通信网络与国家级物流公共信息平台相连，并进行相互间的数据交换。例如国家交通运输物流公共信息平台,如图4.15所示。

国家级物流公共信息平台是国家政策支撑信息和国际物流需求的平台,负责提供以下信息:① 汇集和发布中央级政府监管的信息;② 国际物流需求信息,可以根据物流量有针对性地建立通往美国、澳大利亚等国的物流中心频道,以便有效地利用国际物流的海、陆、空通道,协调国际间、国内各区域间的物流资源。

图4.15　国家交通运输物流公共信息平台

(2) 省级物流公共信息平台

省级物流公共信息平台是省级政策支撑信息和省物流需求的平台。目前全国大多数省份均有省级物流公共信息平台,四川省和浙江省物流公共信息平台如图4.16、图4.17所示。

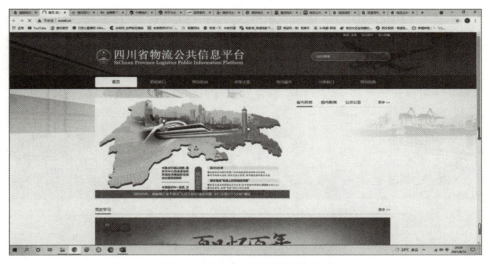

图4.16　四川省物流公共信息平台

图 4.17　浙江省物流公共信息平台

省级物流公共信息平台的具体功能可以包括以下内容：① 省市政府监管的信息；② 省内各大物流园区和企业用户之间的物流资源和信息，如地方政府的通关信息、口岸信息、企业诚信信息等及跨省市的联运信息；③ 相关商业化开发和增值服务。

(3) 企业级和园区物流公共信息平台

企业级物流公共信息平台为物流主体，即最终客户（货主）、代理、分拨和仓储物流企业，是现代物流公共信息管理系统的终端，图 4.18 为安徽共生物流科技有限公司的共生物流平台。

图 4.18　共生物流平台

各个物流园区、加工区的物流公共信息平台汇集了园区内企业集团的物流信息,同省级物流公共信息平台相连,交换信息,提供本园区内企业的仓储、装卸、加工、包装、客户等物流信息。例如,图4.19为宇培苏州物流园页面,图4.20为重庆国际物流枢纽园区页面。

随着电子商务的兴起,这类物流公共信息平台应用互联网为运输企业和货主提供运输能力与需求自动匹配与优化的服务,整合供方与需方的信息,以降低交易成本、优化资源配置来获得商机,赢得市场。

图4.19　宇培苏州物流园页面

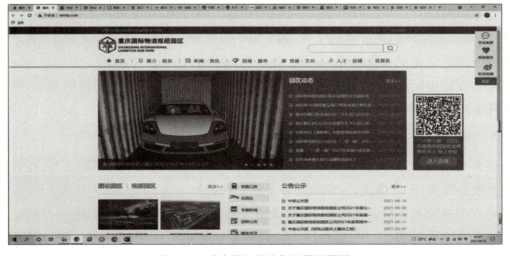

图4.20　重庆国际物流枢纽园区页面

4.3.2 网络货运平台

4.3.2.1 基本概念

网络货运平台是一个集信息发布、撮合交易、运费结算、诚信监管等功能的综合性提供一站式运输服务的平台，提供全程可监测、可追溯的"一站式"综合解决方案的物流运输服务平台已成为现在物流行业的发展方向，实现利用智慧化手段，提升获客能力，加强运力智能调度、提升服务能力和企业竞争力，有针对性地解决货运企业的运营痛点，帮助传统物流公司和货主企业成功向网络货运化模式转型。

在"互联网平台＋货＋运输"中，运输就是指司机，所以在网络货运当中，平台、货与司机是一个组合，网络货运平台就是将货、司机等信息资源结合起来，然后他们在平台上进行线上交易，完成以往物流线下长时间才能完成的一套运输流程。

4.3.2.2 主要类型

1. 控货型网络货运平台

控货型网络货运平台的特点是平台本身就是货主或货源的供给方，掌控物流订单的分配权，货主寻找社会上的运力资源，用来扩充运力池，从而降低运力的采购成本，减轻成本压力，一般适用于合同物流、大宗平台和电商平台。

控货型网络货运平台大多服务于母公司，一般为大型制造业、商贸业、电商平台企业搭建的网络货运平台。

2. 开放型网络货运平台

开放型网络货运平台既不是货主，也不是运力供应商，而是专注于货主与运力的有效匹配，是面向全体市场开放的平台，属于第三方企业，也属于技术型企业，一般分为撮合型、承运型、专业型三种类型。

平台在解决货源与运力之间的链接匹配问题后，已然进入下一阶段的竞争，将通过多元化的车后服务来提升各自的综合竞争力。

3. 服务型网络货运平台

服务型网络货运平台的特点是多业务线并行，盈利模式除车货匹配之外，还有为客户提供申办资质、平台搭建、运营服务等多种物流服务。

随着网络货运平台的开放化，平台会通过业务或股权的战略合作，与不同物流业供应商建立全方位的协作，构建服务网络，向货主企业提供全面的供应链可视化管理，持续改善供应链管理效率。

4.3.2.3　工作流程

1. 信息审核

（1）托运人信息。网络货运经营者应在平台上登记并核对托运人信息：托运人为法人的，信息包括托运单位及法人代表名称、统一社会信用代码、联系人、联系方式、通信地址等基本信息，留存营业执照扫描件；托运人为自然人的，信息包括托运人姓名、有效证件号码、联系方式，留存有效证件扫描件。

（2）实际承运人信息。网络货运经营者应要求实际承运人在网络平台注册登记并核对以下信息：实际承运人名称、道路运输经营许可证号、统一社会信用代码（或身份证号）等基本信息；网络货运经营者应留存以下有效证件扫描件：实际承运人营业执照、身份证等扫描件；驾驶员身份证、机动车驾驶证、道路运输从业资格证；车辆行驶证、道路运输证（挂车、4.5吨及以下普通道路货物运输车辆从事普通道路货物运输经营的，无需上传道路运输经营许可证、道路运输证、驾驶员从业资格证）。

网络货运经营者应对实际承运人资质信息进行审核，通过审核后方能委托其承担运输业务。

2. 签订合同

网络货运经营者应按照《中华人民共和国合同法》的要求，分别与托运人和实际承运人签订运输合同，主要内容应包括但不限于：

（1）当事人信息。包括托运人、收货人、网络货运经营者、实际承运人的名称、联系方式。

（2）服务内容。包括货物信息、运输方式、起讫地、运输价格、时效要求等。

（3）当事人的权利义务关系。

（4）运费结算方式。

（5）合同保存时间自签订之日起不少于3年。

3. 运输过程监控

网络货运经营者应在生成运单号码后，实时采集实际承运车辆运输轨迹的动态信息，并在货物起运和确认送达时，经驾驶员授权同意后，实时采集和上传驾驶员地理位置信息，实现交易、运输、结算等各环节全过程透明化动态管理。

4. 交付验收

（1）交接装货。网络货运经营者应当在许可的经营范围内从事经营活动，不得违规承运危险货物。

(2)交付卸货。收货人确认收货后,实际承运人应及时将交付信息上传至货运经营者网络平台。

5. 运费结算

(1)结算流程。网络货运经营者应按照合同约定及时向实际承运人支付运费。

(2)支付方式。网络货运经营者宜与银行等金融机构、第三方支付平台合作,通过电子支付实现交易留痕。

6. 信息上传

网络货运经营者应按照《部网络货运信息交互系统接入指南》的要求,在收货人确认收货后,实时将运单数据上传至省级网络货运信息监测系统。网络货运经营者应在结算完成后,实时将资金流水单信息上传至省级网络货运信息监测系统。

7. 保险理赔

鼓励网络货运经营者采用投保网络平台道路货物运输承运人责任险等措施,保障托运人合法权益。

8. 投诉处理

网络货运经营者应建立便捷有效的投诉举报机制,公开投诉举报方式等信息,包括服务电话、投诉方式、处理流程等。

9. 信用评价

网络货运经营者应建立对实际承运人公平公正的信用评价体系,围绕运输效率、运输安全、服务质量、客户满意度等方面进行综合考核评价,评价结果在网络平台上公示,根据信用评价结果建立实际承运人退出机制。

知识练习

单选题

1. 自动化立体仓库管理系统就是使用计算机实现对(　　)和输送设备全面的运行过程控制、实时监视以及物流信息管理与跟踪。

　　A. 车间　　　　B. 信件　　　　C. 包裹　　　　D. 自动化立体仓库

2. 智能运输系统实质上就是利用高新技术对传统的运输系统进行改造而形成的一种信息化、智能化、(　　)的新型运输系统。

A. 社会化　　　B. 自动化　　　C. 综合化　　　D. 现代化

3. 网络货运是指依托互联网平台整合配置运输资源,以(　　)身份与托运人签订运输服务合同、承担承运人责任、委托实际承运人完成运输服务的物流平台。

A. 发货人　　　B. 承运人　　　C. 买家　　　D. 顾客

4. 互联网平台+货+运输,运输也就是(　　),所以在网络货运当中平台、货与(　　)是一个组合。

A. 司机;司机　　B. 车辆;车辆　　C. 顾客;顾客　　D. 信息;信息

5. 网络货运经营者应按照《中华人民共和国合同法》的要求,分别与托运人和实际承运人签订运输合同,合同保存时间自签订之日起不少于(　　)年。

A. 2　　　B. 3　　　C. 4　　　D. 5

多选题

1. 自动化立体仓库管理系统包括(　　)。

A. 物流计算机系统层　　　B. 外部信息系统层
C. 物流调度层　　　D. 物流作业执行层

2. 智能运输系统的关键技术包括(　　)。

A. 计算机技术　　　B. 通信技术
C. 信息技术　　　D. 多媒体技术与传感器与控制技术

3. 智能运输系统的应用包括(　　)。

A. 交通信号控制系统　　　B. 城市交通控制系统
C. 智能公共交通系统　　　D. 交通诱导系统

4. 网络货运平台是一个集(　　)等功能的综合性、提供一站式运输服务的平台。

A. 信息发布　　　B. 撮合交易　　　C. 运费结算　　　D. 诚信监管

简答题

1. 简述自动化立体仓库管理系统各模块。
2. 画出自动化立体仓库管理入库作业流程。
3. 简述网络货运平台的业务流程。

实践练习

网络货运平台的操作实践

实践目的

1. 能了解网络货运平台的基本操作流程。
2. 能够选择一家典型网络货运平台进行基本业务操作。
3. 能够结合我国网络货运平台市场发展进行市场分析。

实践组织

以小组为单位,在教师带领下登录指定的网络货运平台开展实践操作,并结合操作体验撰写分析报告。

实践内容

选择一家典型网络货运平台进行登录,了解基本业务流程,并结合网络资源了解我国网络货运平台市场的发展情况进行市场分析。

考核要求

1. 小组合作,分工合理。
2. 操作练习认真仔细,任务完成。
3. 市场分析表述清晰,可操作性强。

项目 5　智慧物流园区

 学习目标

- 掌握智慧物流园区的内涵、特征和主要类型
- 掌握智慧物流园区的规划原则和建设基本思路
- 了解智慧物流园区的建设背景
- 了解不同智慧园区建设方案的区别
- 理解智慧物流园区建设方案中的全局性、创新性思想,通过学习我国智慧物流园区的典型案例树立民族自信心

学习导航

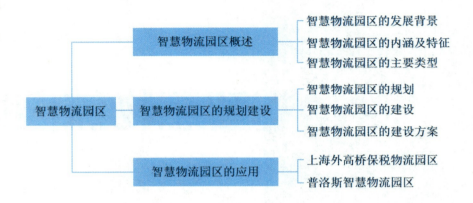

引导案例

智慧物流园区共享生态体系

目前北京市正在建设安全、高效、绿色、智慧的物流系统,2019年政府工作报告明确提出要"落实好城市物流专项规划,推动物流配送仓储智能化、绿色化发展"。为了实现上述目标,相关区域都在高质量、高标准地规划建设物流服务系统,形成区域发展的重要推动措施。

京北智慧物流园将成为顺义区发展的新机遇,该项目将成为顺义区新能源汽车、地理信息、集成芯片等高精尖产业和创新技术的应用示范区,形成"新能源汽车+地理信息系统+智慧车联网"的现代物流技术产业链,为园区内核心企业提供新技术、新产品、新模式、新业态的示范基地。结合顺义区目前区域产业发展特色,形成"高端农业+现代物流+新零售"的新发展模式,促进产业融合发展,重点拉动农产品产业销售收入,形成完整的现代农业流通产业链。

北京市的物流系统构建过程中对土地的集约化利用率要求越来越高,基于该视角需要构建更高层次的资源共用机制。基于目前区域的物流产业发展情况,应该构建分层次、多元化的共享合作模式。该模式包括物流设施、物流器具、物流人员、物流技术以及公共技术等多个层次的共享,实现区域的共享生态体系建设。构建的园区生态体系将为各类入驻园区的企业服务,前期将重点集中在核心电子商务企业发展为主,并不断以其为业务核心向其他的中小型物流企业、商贸企业和制造企业输出服务。构建的园区共享生态体系如图5.1所示。

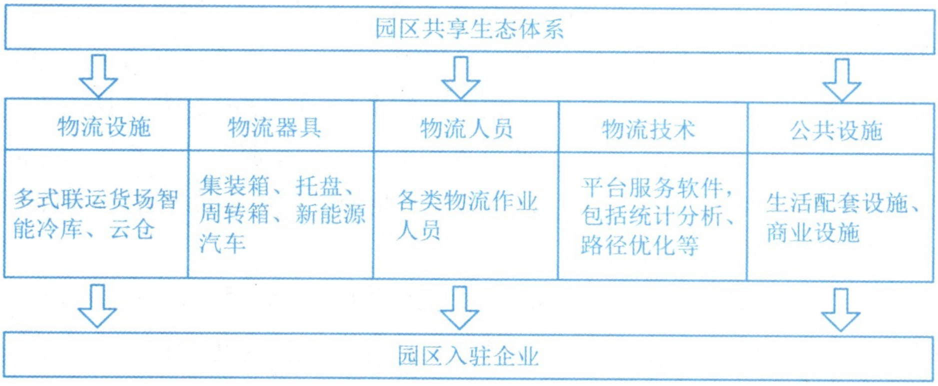

```
                    园区共享生态体系
    ┌──────────┬──────────┬──────────┬──────────┬──────────┐
    │ 物流设施 │ 物流器具 │ 物流人员 │ 物流技术 │ 公共设施 │
    ├──────────┼──────────┼──────────┼──────────┼──────────┤
    │多式联运货│集装箱、托│各类物流作│平台服务软│生活配套设│
    │场智能冷库│盘、周转箱│业人员    │件,包括统│施、商业设│
    │、云仓    │、新能源汽│          │计分析、路│施        │
    │          │车        │          │径优化等  │          │
    └──────────┴──────────┴──────────┴──────────┴──────────┘
                    园区入驻企业
```

图5.1　园区共享生态体系

通过园区共享模式的构建,将形成新的业务模式,大力推动多式联运等综合型物流技术的应用,促进集装箱、托盘、周转箱等一系列集装器具的应用;同时将提高新能源车辆的利用程度,降低企业物流资源配置成本,特别是提供的公共平台型物流将有效提高中小企业的服务能力,形成并培育具有竞争力的产业集群。

项目5.1　智慧物流园区概述

5.1.1　智慧物流园区发展背景

伴随着电子商务的快速发展,物流业也得到了快速发展的机会。智慧物流技术是物流业提高效率和降低成本两难下的必然选择,这也会大大提升现代物流业的发展水平。在互联网和物联网的融合发展趋势下,物流信息化建设成为各地各公司大力倡导的方向。各地原有的传统物流园区服务模式也随着新业态的发展,开始投资建设综合性和专业性的物流信息服务和物流的交易平台。在这种背景下,自动化物流链的升级版"智慧物流园区"也应运而生。这是以物流信息化平台为核心运营纽带和依托,基于物流信息化平台的支撑构建物流园区新的运营服务体系,通过整合有形资源和无形资源,提供增值服务,实现模式创新。

物流园区作为物流基础设施的重要底层部分,是推动实体经济降本增效的重要基础设施。物流业的发展离不开基础性、关键性的产业园。自2015年以来,我国物流园区建设得到了前所未有的重视。近几年来,经济的发展越来越依靠新经济,而作为新经济的基石的物流业发展,已经成为国家政策的重点推动方向,为物流园区的发展营造了较好的环境。目前,我国物流园区在东部地区的分布占40%,中部地区占17%,西部地区占22%,东北地区占21%。其中综合服务型物流园区所占比重较大,占比为59%,商贸服务型占15%,货运枢纽型占13%,生产服务型占7%,口岸服务型占6%。从以上数据可以大概了解我国物流园区的区域分布及特征。物流园区的建设既受其周围经济环境的影响,又影响着区域经济的发展。

在大部分基础功能上,智慧物流园区与物流园区是相同的,包括运输、存储、包装、装卸、流通加工、配送等。智慧物流园主要是在企业物流信息化的过程中,利用地理位置上相对集中将物流体系中的仓储、配送、货物集散、加工以及商品的交易和展示等功能更加集中起来。

智慧园区绝不仅仅是"物流园区+互联网"的简单堆叠,而是要从根本上改变物流园区的发展模式,让政府、企业、智库(行业组织)有效组织在一起,让园区成为"走出去"的一个节点,形成聚流、聚智、聚新的共生效应。运用智慧互联的现代化手段,构建智慧园区的互联互通。

5.1.2 智慧物流园区的内涵及特征

5.1.2.1 智慧物流园区的内涵

从基本定义来看,智慧物流园区就是以物联网、互联网、云计算和大数据等新一代信息技术为基础,以云平台的方式全面动态感知、分析和整合商圈内方方面面的数据,从而营造更高效、更便捷和更繁荣的商业环境,实现用户体验人性化、营销服务精准化、运维管理细致化和消费环境融合化的新型商圈形态。智慧物流产业园区简单来说就是以"智慧化"的创意状态和"智能化"科学技术去策划、规划、开发、建设、提升、管理和运营的物流企业集结聚合服务基地。

在智慧物流园区中,通过统一的物流系统的应用,协调园区内部各个企业的运作。企业间共享信息资源,实现一体化智慧决策,同时也会顾及不同企业的层次,对部分业务进行柔性和社会处理。智慧物流园区的出现和发展反映了现代物流技术发展的四个主要方向,即物流技术装备的自动化、物流运作管理的信息化、物流运作流程的智慧化及多种技术和软硬件平台的集成化。

5.1.2.2 智慧物流园区的特征

智慧物流园区随着国内成熟物流园区的不断升级转型,正在大规模地出现。智慧化不仅是园区的招牌,更是能促进园区可持续发展,提升物流产业发展的基础。智慧化的发展方向顺应信息技术创新与应用趋势,这是传统物流园区所缺乏的。智慧物流产业园区能够利用产业及其土地的物业和服务功能与增值服务等资源,以"智慧化"状态和"智能化"技术,通过策划实现价值最大化的资源整合体。总体来说,智慧物流园区最大的特征是利用物联网、互联网和云计算等先进技术将整个园区相关的物流要素和信息有机地连接起来,从而实现信息的高度共享和高层次的决策,其特征主要表现为以下几个方面。

(1) 泛在智联,安全集成

利用信息互联网和设施物联网推动物流园区的全面接入,以信息互联、设施互联带动物流互联,打通业务系统壁垒和信息壁垒,所有软硬件系统一体化集成至智能运营中心统筹管理,所有数据汇总至数字孪生平台用于分析决策,实现园区人与人、人与物、物与物、业务与业务间深度融合。关注物流园区的信息安全、公共安全,实现全域监控、隐患预警、及时响应、事件可控、确保安全。

(2) 数字转型,模式再造

充分利用各类信息技术,实现园区数据的实时获取和传输,将一切业务数据化、一切资产数据化、一切运行状态数据化,打破信息不对称和信息孤岛的困境,实现基于数字化转型的物流园区业务流程再造、商业模式重构、运营模式创新,体现数字资产价值。

(3) 协同创新,绿色高效

整合多方资源,以技术变革为推动力量,围绕园区业务需求和产业发展需求进行协同创新,使得园区的机械化、自动化、智能化水平显著提高,园区资源和空间高效配置和充分共享,园区实现精益运营、经济运行、资源利用效益最大化,从而达到节能、低碳、环保、可持续发展。

(4) 精准服务,业务增值

除传统招商服务、物业服务外,以客户数据作支撑,挖掘物流园区客户需求,从企业服务、物流服务等角度创新服务场景和内容,采用多样化服务手段,提供伴随式、主动式增值服务,以提升园区招商、亲商、稳商能力。

(5) 科技运营,价值升级

紧紧围绕物流核心业务,以科技手段提高园区内部物流作业效率和运营管理能力,以平台方式链接优质服务资源并提供物流产业服务,打通物流园区上下游环节,实现物流价值链升级,增加物流园区的产业附加值。

5.1.3　智慧物流园区的主要类型

物流园区的智慧化建设和发展与园区的开发建设和运营模式息息相关,结合《物流园区分类与规划基本要求》(GB/T 21334—2017)的分类标准,智慧物流园区可以分为集成服务模式、管理服务模式和类开发区模式三类。

5.1.3.1　集成服务模式物流园区

集成服务模式物流园区(仓储型园区)多为供应链类公司或者商贸物流平台建设和运营,通常集聚特定物流和关联服务资源,通过集成化的运作,为特定的服务对象提供一体化的物流服务,典型代表为京东物流园、菜鸟物流园区等。

此类物流园规模相对偏向小,功能相对单一,多为封闭式运作,建设运营的重点从基础的物业服务向为智慧物流服务、供应链集成服务等转变。这一类的物流园区内由于有物流业务的智慧化运作作为内在驱动力,智慧化发展的水平相对较高,是智慧物流园区发展相对成熟的类型。

5.1.3.2　管理服务模式物流园区

管理服务模式物流园区多为物流地产商或物流公司建设和运营,多根据市场需求,依托物流园区的物理空间集聚某一类或几类物流资源要素为服务客户提供专业化的物流服务,如普洛斯物流园区、传化公路港、绍兴港现代物流园等。此类物流园区规模较大,园区多半封闭式运作,园区建设运营重点体现在物流营业场所租售、物业管理、增值服务等方面。此类物流园区的智慧化建设与发展水平参差不齐,头部园区和底部园区的发展水平差距较大。

5.1.3.3　类开发区模式物流园区

类开发区模式物流园区多为由地方投资平台或管委会建设与运营,一般为城市或区域的交通与物流枢纽,集聚多种物流资源要素,为区域产业发展、城市生活提供综合物流服务,如重庆国际物流枢纽园区、嘉兴现代物流园等。此类物流园区具备规模大、开放式管理等特点,园区管理运营重点在资产(土地)管理、项目招商及公共服务等方面。由于缺少物流业务智慧化运作的内在驱动力和专业的智慧物流人才,此类物流园区的智慧化建设与发展多处于起步阶段,仅部分管理功能板块(如物业管理、资产管理等)初步实现智慧化;园区缺少统一的"智慧大脑",内部各系统尚未实现数据的互联互通。这一类物流园区作为国家物流枢纽的重要载体和组成部分,随着《国家物流枢纽布局和建设规划》和《"十四五"现代流通体系建设规划》的深入实施推进,此类物流园区的智慧化发展将迎来快速发展期。

项目5.2 智慧物流园区的规划建设

5.2.1 智慧物流园区的规划

5.2.1.1 智慧物流园区规划的基本原则

智慧物流园区的规划与落地实施,要结合自身禀赋条件深度切入区域内产业链的生态中,形成完整的全产业链生态的智慧自洽。

第一,物流园区内,基于5G的高智能、自决策和一体化等智慧的物流装备、系统和平台等,要与上下游供应链企业形成纵向的基于逻辑和基于物理的完备智慧连接链条,使得智慧物流园区作业或经营所产生的数据、信息和知识,可以在全产业链过程中以极低的近零成本实现授权性共享或支持协同决策,实现产、供、销、融税和回收等资源与园区资源高效率准时化精准匹配,实现原本难以标准化的货品、终端、设备、流程和运营管理的标准化。

第二,智慧物流园区要借助产业链体系与其他智慧物流园区,形成横向的基于逻辑和基于物理的完备智慧连接网络,在传统物流园区"结点成网"的基础上,进一步强调基于5G的物流园区土地、设备及信息等资源共享与闲置资源(分时)复用,使得物理上分布更广的智慧物流园区集团式面对客户,以近零成本实现优质高效的协同服务。

第三,智慧物流园区要有助于形成全球化运载、仓储、贸易和"门到门"配送及可绿色回收的标准盛具或装载单元,利用基于5G的"大云移物智"智慧平台,形成基于逻辑和基于物理的完备智慧装载标准单元,既与已通用的标准集装箱、标准托盘及其相关装备体系形成模数的分拆与合并叠加,又在可数字化自动高效分拣的邮政编码和二维码小件包裹层次上进一步增大和封闭,从根本上用传递的标准化封闭单元来颠覆集装箱与二维码小件包裹之间的生产、消费和商贸流通体系。

第四,智慧物流园区要与智慧城市规划与建设有机衔接和融合,形成支撑智慧城市发展的完备智慧保障基地。在我国高速的城市化进程中,智慧物流园区既要服务于生产或集中供给的产业物流,并与产业链融合形成智慧产业链生态,更要服务于城市保障物流,并与智慧城市发展相结合,形成区域性城市生态。

5.2.1.2 智慧物流园区规划的核心

当物流园区进入快速发展期时,就需要进一步拓展增值服务功能,进而转变为流通加工中心和仓储配送中心。其中,流通加工中心采用标准化作业体系,充分利用基地内现有的物流设施,提供个性化的加工和分拣等物流服务;而仓储配送中心根据工商企业的需求量身定制,充分满足不同企业的不同个性需求,以信息交易中心、专业运输中心、流通加工中心等支持仓储配送中心的日常运转。这时的物流园区不再是简单的货物和信息的集合与转发,而开始根据客户的需求提供对应的服务,具有了初步"智慧"。

当前,市场对于物流园区又提出了新要求——提供从物流一体化到供应链一体化的物流服务。供应链一体化以"供应链优化"为核心,强调的是核心企业与相关企业的协调关系,通过信息共享、技术扩散、资源优化配置和有效的价值链激励机制等体现经营一体化。国内大型零售企业都建立了POS/MIS系统,制造企业也建立了ERP或SCM管理系统。这体现了企业对供应链一体化管理的要求,也使原来流通渠道与企业物流的对立走向与企业物流的共生。在这种新型的物流管理体制下,物流园区应充分利用其入驻企业类型广泛以及各类型企业在物流园区内部集聚的优势条件,在其成熟期加强与入驻园区相关联企业之间的合作,有效控制供应链上的物流、资金流、价值流、信息流等,蜕变为真正的智慧物流园区。

5.2.2 智慧物流园区的建设

5.2.2.1 智慧物流园区建设的原则

1. 前瞻性

系统的设计和实施在理念上要适度超前,在思想上要站得更高,保证智慧园区信息平台的技术是领先的、模式是领先的,不仅要考虑当前园区的发展所需要的信息化支撑,更要满足未来新业务模式的发展需要。

2. 先进性

智慧物流园区的基本理念是把信息平台打造成物流园区的核心竞争力,因此在信息化技术的应用上要保证其先进性和领先性,用最先进的信息技术来促进、引导、规范、创新园区的业务发展模式。

3. 可扩展性

系统的设计要具备可扩展性,要满足未来新系统、新业务的扩展需求,保证系统建设的投入有效发挥作用,避免重复投资。

4. 集成化

由于项目的建设时间紧、要求高,因此在系统的建设方面,尽量采用集成化的建设原则,即充分利用现成的技术和产品,当市场上出现成熟、先进的产品时,应尽量使用已有的产品,而不是所有的系统都重新开发。这样一方面可以加快建设进度,另一方面也保证了系统的成熟、稳定、先进。

5.2.2.2 智慧物流园区的建设思路

智慧物流园区建设应贯穿园区规划设计、建设实施、运营服务的全生命周期。在规划阶段,通过编制智慧物流园区总体方案,从顶层设计入手,将物流园区建设和智慧园区建设相融合,将园区的智慧管理和智慧服需求分析:基于政策、技术、趋势等背景分析,借鉴成功案例经验,结合物流园区项目的自身定位目标和发展需求,调研各主体需求,分析得到智慧物流园区的建设需求。

(1)总体设计:总体设计智慧物流园区的愿景、品牌、定位、目标、原则、总体框架等内容。

(2)架构设计:从技术、应用角度,分项设计智慧物流园区的基础设施架构、数据架构、平台架构、业务应用架构、安全体系、标准体系等内容。

(3)实施路径设计:从可落地角度对蓝图落地做好实施路线规划,包括主要任务、重点工程、投建管运模式、保障措施、建设计划等。

(4)顶层设计中重点考虑:新技术的发展及可用性、创需及伪需求辨别、数据治理及数据应用、建设标准、快速迭代及更新、系统性能及兼容性、系统运维及运营、信息安全、投入产出效益、建设后评估、从试点到复制推广等。

5.2.3 智慧物流园区建设方案

5.2.3.1 智慧物流园区的建设思路及架构

1. 总体设计思路

智慧物流园信息平台总体设计按"先设计总体架构,形成平台体系""分阶段设计业务组件,按平台体系集成"的总体思路进行。

总体建设按照"先子系统、后平台集成""先园区平台、后物流节点""先基础服务、后增值运营"的总体思路进行,在建设过程中重点要考虑如下几个方面:

(1)统筹规划、分步实施

智慧物流园信息平台按照"统筹规划、分步实施"的思路进行建设,即先建设信息化基础设施和园区管理服务必需的信息系统,再建设园区业务系统,对于创新业务模式所需要的信息系统和面向未来业务拓展的系统,则放在最后进行建设。系统的设计具备可扩展性,能够满足未来新系统、新业务的扩展需求。

（2）信息服务中心是基础

信息服务中心是整个智慧物流园信息平台的基础,基础网络与机房、指挥中心、电子交易大厅、信息发布系统、货运交易信息平台和数据交换中心等都是整个园区信息化建设必不可少的基础设施。因此,对于信息服务中心建设,要做好总体规划和设计,以保证平台的先进性和可扩展性,为其他三个中心的建设打好基础。

（3）管理服务中心是保障

管理服务中心是实现园区管理的现代化、信息化和智能化的保障,园区综合管理系统、园区OA系统、园区财务系统、园区资源管理系统、园区门户网站、信用考评评估系统、GPS/GIS/移动视频监控系统、安防监控系统等都是园区现代化管理必不可少的组成部分。管理服务中心在园区正式投入使用后就必须能够运行起来,从而为园区科学、高效地运行提供保障。

（4）打造核心业务和核心竞争力

营销招标中心和金融服务中心既是智慧物流园的核心业务模式,也是核心竞争力的体现。

营销招标中心是利用园区的综合实力,联合园区内的企业来拓展业务的一种新业务模式。营销招标中心的建设是为了园区企业的招投标服务,在园区正式投入使用后,可以逐步开展此项业务。

金融服务中心是智慧物流园信息平台的特色和创新,是园区信息平台能否真正提升一个层次的重要因素。通过金融服务中心的建设,可以真正实现对园区内企业的扶持和引导,并把园区和企业绑在一起,实现共赢。金融服务中心可以为企业提供融资、担保、信用、监管、风险控制、财务征信等服务,同时也为园区带来新的业务模式和收入增长。可以说,没有金融服务中心的物流园区信息平台,是不可能在业务模式上具备领先优势的。

2. 总体架构模型

图5.2中的架构是采用业界领先的技术架构思想,针对物流园区信息平台业务系统架构的完整解决方案,从架构图中可以看出SaaS运营体系和园区业务运营体系通过系统总体架构整合一起,形成了在基础运营环境上搭建数据和技术平台,在平台基础进行业务组件的封装,业务组件在整个平台是松耦合方式,可以根据业务需求进行调整配置,根据业务组件再进行系统构件,物流园区信息平台的各个子系统是构件方式组成的,是可以根据业务功能进行随意组合的,各种用户通过统一门户访问机制访问各子系统,这些架构由SaaS运营体系和业务运营体系共同支撑,整体技术架构自底向上包括如

图5.3所示的分层结构。

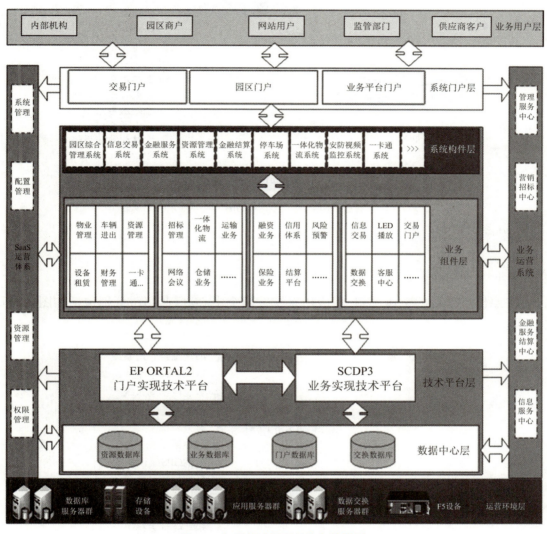

图5.2 智慧物流园区总体架构模型

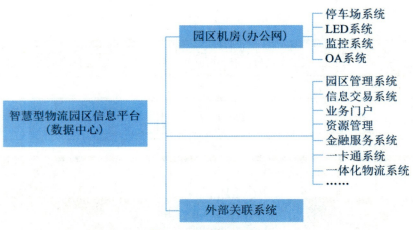

图 5.3　系统层次结构

5.2.3.2　智慧物流园区应用系统方案

1. 应用系统结构

按照信息平台的整体规划,将应用系统按四个中心进行划分,分别包括如图 5.4 所示的系统。

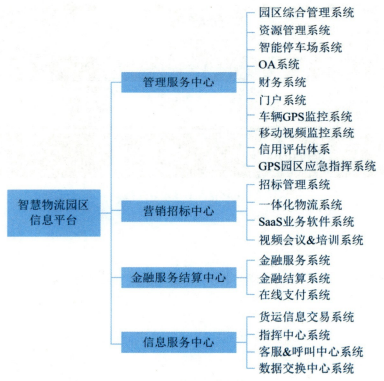

图 5.4　应用系统架构

2. 智能化系统功能规划

数字化、智能化的园区综合管理系统功能规划如图5.5所示。

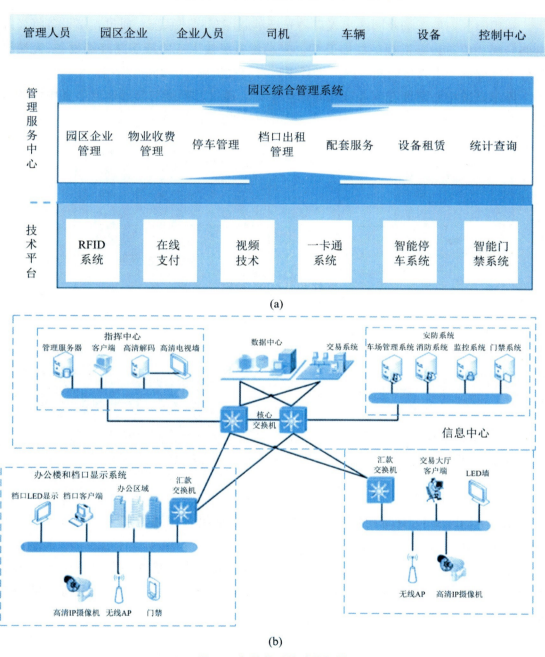

图 5.5 智能化系统功能规划

5.2.3.3 智慧物流园区系统集成接入方案

1. 智能停车场系统集成

利用园区内停车场及园区出入口的光纤承载停车管理系统。通过光端设备将光纤链路转换为终端设备需要的线路类型。光端设备可接入一路或多路终端设备,光端设备可考虑放置于出入口的岗亭内。光纤由运营商提供施工,归园区所有。

停车系统中心部署在商业区临时信息中心。通过互联网与易通运营服务中心的接口服务器相连,实现停车系统与信息平台的信息交互(如图5.6所示)。

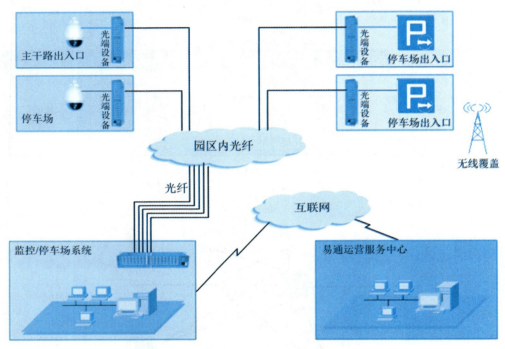

图5.6 智能停车场系统集成

结合RFID技术,在重要的园区出入口及停车场出入口部署RFID读写器,对进出的车辆进行无人工的、智能化的管理与计费。

为保证停车系统的持续性、可靠性,降低由于电力或网络的中断对系统造成的影响,在各出入口覆盖无线网络。在紧急情况下可通过手持RFID读写器保证业务的持续运行。

2. 视频监控系统集成

利用园区内各楼宇间的光纤承载视频监控系统。通过光端设备将光纤链路转换为视频线路。光端设备可接入一路或多路视频监控前端设备(摄像头),光端设备可考虑放置于楼宇内。光纤由运营商提供施工,归园区所有。视频监控中心部署在商业区办公楼的安保部门。因受视频线缆的距离限制,同时考虑到视频监控的管理的便捷性,视频监控的相关设备(电视墙、视频矩阵、VCR等)部署在视频监控中心。

监控前端的摄像头主要部署于主干道、园区入口处及停车场区域。核心位置采用高倍数的球机摄像头,其余位置采用枪机摄像头。

3. LED系统集成

园区内每个商户分别部署LED信息发布系统,同时园区信息中心部署LED信息发布系统。商户可自主选择发布的信息是否通过互联网传送至信息中心。信息中心对商户传送的信息进行加工后,显示在信息中心交易大厅的LED屏上。LED信息发布中心部署在商业区临时信息中心。通过互联网与易通运营服务中心的接口服务器相连,实现LED发布系统与信息平台的信息交互(如图5.7所示)。

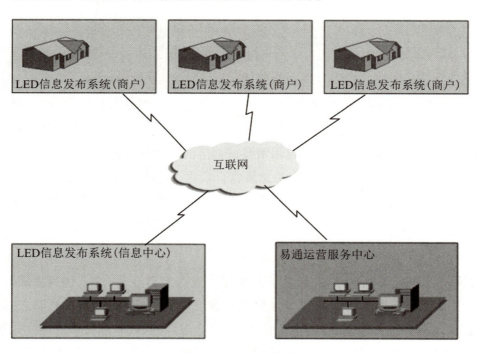

图5.7 LED系统集成

项目5.3　智慧物流园区的应用

智慧物流园区以"智慧"为前提,通过系统集成、平台整合,配以相关设备,如GPS监控、GIS地理服务、ASP租赁、RFID射频扫描、无线视频传送、一卡通服务等高新技术,将信息化管理覆盖到园区每个角落和每个控制点。这样园区内的人、车、物从入园到离开都实现了数字登记、网络查询、数据库管理。园区业务中的人与车、车与货、货与路在智慧的网络中运行,相互互动、信息揉合、服务集成。真正意义上实现园区的智能化、人性化、机械化、信息化、前瞻性。

5.3.1　上海外高桥保税物流园区

5.3.1.1　园区概况

上海外高桥保税物流园区是国务院批准的首家区港联动保税物流园区,是上海市"十五"期间规划的现代物流园区,国家促进国际港航产业与现代物流产业联动发展的先行先试示范区,同时也是(上海)自由贸易试验区的四大核心板块之一。

园区于2004年4月15日通过海关总署联合验收小组验收,被赋予其国际中转、国际采购、国际配送、国际转口四大功能。园区在营运中以管理创新、功能创新、技术创新为动力,以优化营运环境为目标,构筑出航运、港口、物流园区联动发展的新框架。

5.3.1.2　智慧物流发展战略

外高桥保税区在成立之初,以物流和贸易产业为主营业务;进入快速发展时期后,以电子设备为主的先进制造业成为保税区着重发展的产业;而自贸区挂牌之后,贸易业、物流业、制造业等传统行业的企业比重下降,金融服务、技术服务、商务服务、租赁服务企业数量明显增加,成为保税区的新兴产业。外高桥保税区以自由贸易园区为基础载体,通过产业创新、平台创新、商业模式创新等,已成为全国产业投资和发展的标杆园区。

1. 从进出口贸易到新兴服务产业

在国际贸易方面,外高桥保税区与190多个国家和地区保持着进出口业务往来,培育出6个超千亿营收的子行业,包括电子消费、电子元器件、机械设备、化工产品和金属批发业等。

自贸区挂牌后,为适应自贸区发展的需要,外高桥保税区发展以第三方物流企业为主体的仓储、配送、分拨、中转一体化现代物流产业体系,集聚了1000多家世界知名物流仓储企业。同时,积极发展引进新兴服务业企业,以文化服务、技术服务、租赁服务、金融服务、消费服务等为首的现代服务业成为保税区国际化业务的竞争新优势。

2. 从贸易批发到"跨境+体验"商业

保税区的贸易业从原来的批发业务扩展到直接面向消费者的零售业务。其依托自贸区的客户、产品资源,发挥前店后库、跨境贸易、平行进口、进口商品直销等功能优势,走出具备出自贸特色的保税商业贸易之路。

外高桥进口商品保税展示交易平台结合保税区的产业特点与市场需求,打造高端进口商品"统一监管平台、统一系统平台、统一纳税平台",依托保税区250万平方米的保税仓库,以森兰·外高桥、进口商品直销中心自贸区店为载体,内外联动,将保税区内的"库"与区外的"店"有效融合,由传统的仓储物流向着采购、批发、零售、模式化运营等更广阔的商品空间拓展。

森兰商务板块正围绕自贸区建设创新"跨境＋体验"的商业模式,发挥前店后库、跨境贸易、保税展示交易等功能优势,打造以"跨境＋体验"商业模式的创新,形成具有自贸区特色的国际贸易元素叠加商业地产的实体消费体验平台。已运营项目包括进口商品保税展示交易中心、"一带一路"国别汇、电竞企业聚集区、森兰绿地文娱平台等。

5.3.1.3 案例评述

上海外高桥保税物流园区近些年来一直保持着业务经济总量快速增长、国际采购配送功能日趋成熟,区港运作一体化推进取得实质进展,监管模式得到不断创新,物流园区正成为跨国企业在亚太地区贸易链的重要节点、特殊经济区域政策综合试点的重要试验田、上海"四个中心"建设加快推进的重要载体,试点工作取得了较好的社会效益和经济效益。

5.3.2 普洛斯智慧物流园区

5.3.2.1 普洛斯概况

普洛斯是全球物流基础设施领域的行业领袖。普洛斯投资管理(中国)有限公司成立于2003年,将总部设在上海,随后在中国在北京、广州、成都、重庆等23个城市设立28个办事机构。普洛斯现今在中国70个地区市场,投资、开发和管理着400多处物流仓储、制造及研发、数据中心及新能源基础设施,普洛斯在中国的资产管理规模达720亿美元。截至2022年11月,普洛斯在中国的物流基础设施总面积超过4900万平方米,独立数据中心运营可提供的IT负载逾1400兆瓦,在新能源领域的项目发电能力已经超过3吉瓦。由于普洛斯在物流地产中作出的卓越贡献,行业已将普洛斯推向这一领域中当之无愧的龙头老大的交椅。

5.3.2.2 智慧物流发展战略

1. 总体框架

普洛斯智慧物流园区围绕"设计—实施—运营"的各个阶段,将智慧园区建设融入园区的全生命周期基因之中。在设计阶段,制定智慧物流园区发展战略及蓝图,设计具体架构和方案;在实施阶段,根据设计蓝图落地实施,建设智慧物流园区软硬件和平台,使多系统间集成融合联动;在运营阶段,根据权限实施跨域、分权的智慧园区管理,执行科技运营、数字运营,将园区内外部资源进一步统筹整合并加以利用。配套建立智慧物流园区保障体系,从组织保障、制度保障、人才保障、资金保障、安全保障、技术保障、运维保障等各个角度,为智慧物流园区设落地提供有力支撑。

2. 技术架构

(1)感知层:通过物联网技术、信息传输网络、智能设施设备,实现园区人、物、车、货全面感知,泛在连接。利用摄像头、智能表计、烟感、压力、液位传感器、电子标签等感知终端,将园区内的"物"转化为数字,为智慧物流园区提供数字化基础支撑。从物理连接的角度,有大量的底层技术,包括有线网络、Wi-Fi、GPRS、3G/4G/5G、Bluetooth、Zigbee、RFID、NB-loT 以及 LoRa 等,为万物互联创造连接支持。对于物联网设备连接到云端,往往需要解决很多问题,包括设备到云/云到设备的通信,如消息传送、文件传输、请求响应方法;消息路由;设备元数据存储检索及设备状态信息同步;通信安全与访问控制;设备连接性监控及设备标识管理等,在设计时应予以考虑。

(2)数据层:存储汇聚智慧物流园区的原始数据,并利用大数据平台,对原始数据进行清洗、整理等治理工作,对各类数据进行全生命周期管理,形成各类可用的专题数据并实施数据分析,用于数据交互、共享和交易,以及支撑科学决策。

(3)平台层:为智慧物流园区提供平台使能全栈支撑服务能力,包括人工智能、集成服务、时空信息服务、物联服务、应用支撑、云服务等。

(4)应用层:创新智慧物流园区智能化应用场景,提供与业务需求、客户需求紧密结合的园区管理和服务应用。

(5)展示层:以多种可视化媒介载体方式进行数据、业务、状态等的可视化展示,包括智能运营中心IOC大屏+PC+App等形式。

（6）体系建设：配合建立智慧物流园区的运营管理和服务体系、运维体系、标准规范体系、安全体系等内容，从规划、建设、运营、保障等多方面做支撑体系。

3. 运营能力体系

智慧物流园区建设重在运营，应利用技术手段有效实现园区科技运营、数字运营，降本增效并创造增值效益。智慧物流园区的运营能力体系由智能运营中心、物联网平台、大数据平台、运维平台、人工智能引擎等融合构建。

（1）智能运营中心

智能运营中心（IOC）是园区实施科技运营的核心载体。智能运营中心平滑接入园区的所有业务系统、智能化系统，综合展示了园区的实时运营情况，为园区管理提供了科学决策依据，在突发事件发生时可以实时报警，快速响应并进行指挥调度，总体提高园区管理效率和治理水平。

智能运营中心的驾驶舱将智慧园区实时采集的各类园区运营数据，经大数据引擎清洗、统计、分析后，以生动的三维模型和二维图表等形式呈现"一张图"（数字孪生园区），为园区管理者及时、动态、直观地掌握整体运营管理情况提供了便利。在运营管理平台上可以呈现园区概览、车辆流量、访客情况、园区安防、设施设备动态、仓储情况、月台情况、物业管理、园区招商、园区评估等模块信息，解决了系统独立运营难以统筹运营的问题。另外，通过对重要管理内容进行专题分析，可以给出趋势预判，便于管理者提早做出防范处置。

（2）物联网平台

智慧园区物联网平台作为园区物联网场景的基础性平台，通过物联网技术采集智能感知设备的实时数据，获取园区的实时运行状态为上层业务系统提供现场数据。

物联网平台的核心功能是：统一与园区IoT设备通信、收集数据；统一建立物模型、管理IoT设备；统一处理物流数据、提供便捷的物流数据展示。基于物联网平台可实现对园区建筑、设施设备、物流车辆、人员、消防、育蹄毛、安防、托盘、AGV、机器人等的高效运营。

（3）大数据平台

智慧园区大数据平台提供了一站式数据应用解决方案，涵盖了数据接入、数据加密、权限管控、数据处理/计算、查询分析、数据报表等数据应用场景。通过大数据分析和数据挖掘，寻找运营管理数据的内在相关性，以数据建模等方式给出预测，支撑决策。

（4）运维平台

智慧园区运维平台在园区建设和运营阶段，对各个子系统运行状态进行实时监控并优化,提高系统的稳定性。

为确保智慧园区建设稳步推进,对实施过程及上线后的运营状态做到集中、主动管控,包括硬件监控、软件监控、业务事件监控等,建立运维管理体系,辅以运维知识库、预案库、供应商库,以及系统/平台技术供应商的运维技术支持和及时响应,保障智慧物流园区所有软硬件正常运作,防范系统安全风险,实现常态化科技运营后台保障。

(5) 人工智能引擎

通过IOT收集到的数据、数据治理后得到的结构化数据帮助园区管理进行思考和决策,构建知识图谱、机器学习模型,实现对整个园区进行全局实时分析,自动调配园区资源,修正园区运行中出现的问题,让智慧园区最终可以实现智慧管理,与管理者、客户、访客实现良性互动。

基于人工智能AI视觉引擎,通过对视频图像的深度分析,辅助管理人员对物流现场进行管控,提高管理能级,包括出入园管理、月台可视化管理、园区管理、仓储库内管理等。

以智能机器人为代表的人工智能在物流园区落地应用。从岗位需求入手,分析拆解岗位职责、工作要求、任务动作,将重复、高频、劳动密集型、危险性高的部分工作通过机器人来完成,将机器人和从业人员同岗工作、排班调度,通过机器人辅助或部分代替人工作的"人机协作"创新模式,来减轻和释放从业人员的部分工作量,从而达到部分解放劳动力,提高园区运行效率的目的,包括门岗服务机器人、安保巡逻机器人、清洁机器人等在物流园区内全面应用。

5.3.2.3 案例评述

普洛斯是中国知名的现代产业园的提供商和服务商,也是中国市场较早启动智慧物流及相关产业生态系统的打造者和促进者。普洛斯正积极打造领先的智慧物流行业生态体系。

知识练习

单选题

1. 智慧物流技术是物流业(　　)和(　　)两难下的必然选择,这也会大大提升现代物流业的发展水平。

A. 提高效率;降低成本　　　　B. 开发客户;保留订单

C. 提高收入；降低消耗　　　　　D. 开发客户；降低成本

2. 智慧物流园信息平台按照"（　　）"的思路进行建设。

A. 先子系统、后平台集成　　　　B. 先设计总体架构，形成平台体系
C. 统筹规划、分步实施　　　　　D. 先基础服务、后增值运营

3. 智慧物流园区以"（　　）"为前提，通过系统集成、平台整合，配以相关设备，如GPS监控、GIS地理服务、ASP租赁、RFID射频扫描、无线视频传送、一卡通服务等高新技术，将信息化管理覆盖到园区每个角落和每个控制点。

A. 物流　　　　B. 智慧　　　　C. 人工　　　　D. 运输

4. 普洛斯是全球领先的物流及工业基础设施解决方案提供商，是（　　）较早的智慧物流生态系统的建设者和推动者。

A. 英国　　　　B. 美国　　　　C. 日本　　　　D. 中国

多选题

1. 在大部分基础功能上，智慧物流园区与物流园区是相同的，包括了运输、（　　）配送等。

A. 装卸　　　　B. 流通加工　　　　C. 包装　　　　D. 存储

2. 智慧物流园区，从基本定义就是以（　　）等新一代信息技术为基础。

A. 物联网　　　B. 互联网　　　C. 云计算　　　D. 大数据

3. 智慧物流园区建设的基本原则为（　　）。

A. 前瞻性　　　B. 可扩展性　　　C. 先进性　　　D. 集成化

4. 总体建设按照（　　）的总体思路进行。

A. "先设计总体架构，形成平台体系"
B. "先子系统、后平台集成"
C. "先园区平台、后物流节点"
D. "先基础服务、后增值运营"

简答题

1. 简述智慧物流园区的特征。
2. 简述智慧物流园区建设方案。
3. 上海外高桥保税物流园区具备几大业务功能？分别是哪几大业务功能？
4. 简述智慧物流园区的建设思路。

实践练习

关于物流园区智慧化建设情况的调研

实践目的

1. 能了解并分析所在城市物流园区的智慧化建设情况。
2. 能分析某一家物流园区的智慧物流系统运行流程。
3. 能为某一家物流园区的智慧化物流系统建设提出可行性建议。

实践组织

以小组为单位,采用网络调研和现场调研相结合的方式,发布调研问卷,收集数据并撰写调研报告。

实践内容

以学生所在城市为基础,选择一家发展基础较好的物流园区为调研对象,分析其智慧物流园区的建设情况。

考核要求

1. 小组合作,分工合理。
2. 内容分析详实,有数据、图表。
3. 可行性建议表述清晰,可操作性强。

项目 6

智慧供应链

 学习目标

- 掌握智慧供应链的概念和特点
- 掌握构建智慧供应链的核心要素和路径
- 了解智慧供应链的发展背景和发展历程
- 理解智慧供应链构建中所需的沟通协调、利益共享等基本思想,从而树立正确的人生观和价值观

学习导航

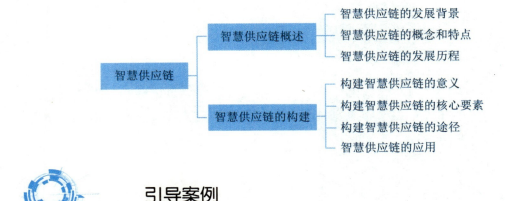

引导案例

阿里巴巴的智慧供应链品牌出海服务

阿里巴巴供应链致力于服务中国品牌出海,菜鸟不断加码海外仓网络建设与布局。截至2022年,菜鸟服务于进出口外贸的跨境仓库已突破100个,包含保税仓、海外仓、GFC仓等,覆盖亚欧美洲的30多个国家和地区。在出口方面,菜鸟在欧洲设有14个官方海外仓。在美洲,菜鸟拥有覆盖美国东西海岸核心地带的海外仓,提供越库转运、备货转运、一件代发等服务,为国货出海打造数智化、全库存、全渠道的物流供应链解决方案。

近年来,通过菜鸟已实现"5美元10日达"物流产品,用一杯咖啡的钱为全球客户提供端到端的国际一站式综合物流服务。此外,其自主研发的电子面单、智慧仓储等技术也广泛应用,为进出口商家提供低成本、高效率的物流服务。

项目6.1　智慧供应链概述

6.1.1　智慧供应链的发展背景

供应链通过围绕核心企业,对企业的信息流、物流、资金流进行控制。控制从原材料采购开始,到制成中间产品及最终产品,最后由销售网络把产品送到消费者手中。这一整个流程是由供应商、制造商、分销商、零售商直到最终用户连成的一个整体网络结构。智慧物流是智慧供应链的重要一环,主要建立在大数据及互联网的基础之上,可以实现对供应链物流的科学管理和精细化运营。智慧物流已经成为未来物流行业发展的方向,是整个供应链的重要环节。

6.1.1.1 信息数据嵌入式的全生产周期管理

供应链的运营必须要走向数字化供应链、智慧供应链这条道路,即用互联网技术来改良传统的运作模式。目前,理论界与实业界都在探索"中国制造2025"。"中国制造2025"的核心不是简单的工业机器人,而是信息数据,是嵌入式的全生命周期管理,其包含了线上和线下的诸多流程。

互联网金融要解决小微企业融资难的问题是不可能的,只有有技术、有订单、有理想的中小企业才是融资的对象。因而信用管理是供应链需要解决的问题,除此之外还有知识和技术的信息管理。一旦线上和线下的流程融合,整个供应链的高效率就能实现,这大概就是"中国制造2025"的含义。

6.1.1.2 自组织产业生态化

供应链研究包括双边关系,最近一两年,三边关系、四边关系、网络关系。目前,供应链将越来越呈现出网络性的状态,自组织产业生态化将是供应链的研究重点。自组织产业生态化即能集成所有的产业主体,形成跨条线、跨部门、跨区域的,与政府、企业、行业协会等广结联盟,物联网和互联网相融合的产业共同进化的生产体系,既能实现自组织的价值生产,又能提升整个产业网络的竞争力,最终实现产业的可持续和可循环。

6.1.1.3 拓展的产业技术和服务化网络

拓展的产业技术和服务化网络是指以服务为节点,以技术为核心,以直接或间接服务供应商、整合服务集成商、直接或间接服务客户为成员,包括水平结构、垂直结构、斜向位置三个维度,以及管理、监控、分解或集成流程链接四种方式建构的从初始供应商到终端客户的复杂网络。在这一过程中,既能实现活动的高增值性,又能实现标准化。

拓展的产业技术和服务化网络是"中国制造2025"的核心,最近两年,有学者提出了"服务化悖论"的概念,其是一个线性关系,甚至是倒U形关系。这就需要研究在什么样的状态下,供应链的服务化才能真正给企业带来绩效。

6.1.2 智慧供应链的概念和特点

6.1.2.1 智慧供应链的概念

智慧物流是构建智慧供应链的重要构成部分。通过对智慧物流的技术,对信息流、物流、资金流进行一体化运作,可以连接到产业的上下游,从而实现供应链智能化管理。

智慧供应链结合物联网技术和现代供应链管理的理论、方法和技术,在企业中和企业间构建的,实现供应链的智能化、网络化和自动化的技术与管理综合集成系统。这一概念由复旦大学罗钢在2009年上海市信息化与工业化融合会议上首先提出。

随着传统供应链的发展,技术的渗透性日益增强,很多供应链已经具备了信息化、数字化、网络化、集成化、智能化、柔性化、敏捷化、可视化、自动化等先进的技术特征。在此基础上,智慧供应链将技术和管理进行综合集成,系统化的论述技术和管理的综合集成理论、方法和技术,可成系统地指导现代供应链管理与运营的实践。

6.1.2.2 智慧供应链的特点

智慧供应链与传统供应链相比,具备以下特点:

(1)智慧供应链与传统供应链相比,技术的渗透性更强。在智慧供应链的情境下,供应链管理和运营者会系统地主动吸收包括物联网、互联网、人工智能等在内的各种现代技术,主动将管理过程适应引入新技术带来的变化。

(2)智慧供应链与传统供应链相比,可视化、移动化特征更加明显。智慧供应链更倾向于使用可视化的手段来表现数据,采用移动化的手段来访问数据。

(3)智慧供应链与传统供应链相比,更人性化。在主动吸收物联网、互联网、人工智能等技术的同时,智慧供应链更加系统地考虑问题,考虑人机系统的协调性,实现人性化的技术和管理系统。

6.1.3 智慧供应链的发展历程

物联网、互联网、通信网络等技术的迅速发展,尤其是大数据和云计算技术大量应用到供应链领域,促进了供应链系统及业务运营方法论发生较大变革,同时也推动供应链朝着数字化、智慧化高效协同发展。参考《智慧供应链白皮书:数智世界·链通全球》,从技术层面来看,智慧供应链发展可以分为互联、自动、自主三个阶段。

6.1.3.1 智慧供应链基础阶段——互联阶段

实现智慧供应链的第一步是互联,互联是智慧供应链的基础阶段。在互联阶段,线上平台与服务使供应链相关业务能够在线受理,用电子化的方式传递和保存业务信息,实现了业务之间的互联;物联感知与可视化以物联网为基础,实现了物与物之间的互联和物流过程的可视化、透明化;可信互联与供应链金融则实现了信息的可靠传递、资金的可靠流转。三者相辅相成,实现了商流、物流、信息流和资金流等要素的互联互通,为进一步优化业务实现自动化供应链打下基础。

6.1.3.2 智慧供应链过渡阶段——自动阶段

实现智慧供应链的第二步是自动,自动是智慧供应链的过渡阶段。在自动阶段,自动化作业利用自动化、智能化设备来实现供应链环节上的具体操作的自动化;数字机器人技术通过模拟人在计算机上的操作,将重复性、标准化的操作自动化,从而代替人工,实现供应链业务的自动化;超自动化则是业务流程的数字化、智能化在企业内深度和广度的应用,实现全流程的自动化。因此自动阶段是在互联的基础上,提升业务流程的数字化、智能化水平,将人们从繁琐、重复的工作中解放出来,是实现智能决策的必要条件。

6.1.3.3 智慧供应链高级阶段——自主阶段

实现智慧供应链的第三步是自主,自主是智慧供应链的高级阶段。自主阶段是在实现自动化的基础上,利用人工智能、数字孪生等相关技术在无需人工干预的条件下实现智能决策、自主运行,并能够柔性应对突发情况。在自主阶段,计算机可以变得更加聪明,代替人来进行决策,供应链决策者将以分秒级效率完成经营决策和判断,从而在市场上保持竞争优势。

项目6.2 智慧供应链的构建

6.2.1 构建智慧供应链的意义

6.2.1.1 高度整合供应链内部信息

传统供应链内部成员之间的信息交流是基于存在直接的供应和需求关系的企业之间的。在实际的交流过程中,信息流往往会由于不同企业采用的不统一的信息标准系统而导致无法正常流通,使得供应链的内部信息无法自由流通和共享。相比之下,智慧供应链依托智能化信息技术的集成,能够采用有效的方式解决各系统之间的异构性问题,从而实现供应链内部企业之间的信息共享,保证信息流无障碍地流通在供应链的各个动脉和静脉组织,提高信息流的运转效率和共享性。

6.2.1.2 增强供应链流程的可视性、透明性

在传统供应链环境中,上下游企业之间缺乏有效的信息共享机制和实现方式,整个供应链是不可视的。由于供应链的不可视性,供应链上、中、下游企业无法对产品的产、供、销过程实现全面的了解,仅从自身流程和业务出发,以比较单一的成本因素考虑如何选择供应商和销售商。这样就无法实现供应链内部企业的一致性和协作性,更不能形成良好稳定的合作关系,导致供应链竞争力低下。拥有良好可视化技术的智慧供应链,能够实现企业之间的信息充分共享,增强对自身和外部环境反应的敏捷性,企业管理者能够依据掌握的全面的产品信息和供应链运作信息,正确做出判断和决策,组织好切合市场需要的生产,实现有序的生产管理。

6.2.1.3 实现供应链全球化管理

智慧供应链具有良好的延展性,它一方面能保证供应链在全球实现扩展,另一方面也能防止供应链在全球化扩展情况下效率降低的问题。信息交流和沟通方式在传统供应链下是点对点、一对一的,但随着供应链层级的增加和范围扩展,这种传递方式难以应对更加复杂的信息轰炸。智慧供应链依据自身对信息的整合和有效的可视化特点,可以打破各成员间的信息沟通障碍,不受传统信息交流方式的影响,能够高效处理来自供应链内部横向和纵向的信息,实现全球化管理。

6.2.1.4 降低企业的运营风险

智慧供应链所具有的信息整合性、可视性、可延展性等特点,使供应链内部企业能够实时、准确地通过了解供应链中各环节企业的生产、销售、库存情况,保证和上下游企业的协作,避免传统供应链由于不合作导致的缺货问题。因此,智慧供应链能够从全局和整体角度将破坏合作的运营风险降到最低。

6.2.2 构建智慧供应链的核心要素

供应链的高效和持久运作依赖于综合需求管理、客户关系管理、供应商关系管理、物流服务传递管理、复合型的能力管理、资金和融资管理等主要流程的整合与协调。这六个流程的实现能够帮助企业有效地掌握客户需求、合理地组织生产和服务,实现企业的服务绩效。智慧供应链的实现在流程上除了上述六大流程外,更加突出了"四化"管理,即供应链决策智能化管理、供应链运营可视化管理、供应链组织生态化管理、供应链要素集成化管理。

6.2.2.1 供应链智能化决策

供应链智能化决策指的是在供应链规划和决策过程中,能够运用各类信息、大数据驱动供应链决策制定,如从采购决策,制造决策、运送决策到销售决策的全过程。数据驱动的决策制定对于企业的作用是不言而喻的。

具体来说,供应链决策智能化主要是通过大数据与模型工具的结合,并通过智能化以及海量的数据分析,最大化地整合供应链信息和客户信息,有助于正确评估供应链运营中的成本、时间、质量、服务、碳排放和其他标准,实现物流、交易以及资金信息的最佳匹配,分析各业务环节对于资源的需求量,并结合客户的价值诉求,更加合理地安排业务活动,使企业不仅能够根据顾客需求进行业务创新,还能让企业积极应对顾客需求变化所带来的挑战。

显然,这一目标的实现就需要建立起供应链全过程的商务智能化,并且能够将业务过程标准化、逻辑化和规范化,建立起相应的交易规则。

6.2.2.2 供应链可视化运营

实现企业供应链的优化、提高供应链运作的协调性的关键是充分运用互联网、物联网等信息技术,实现供应链全程可视化。供应链可视化是指利用信息技术,通过采集、传递、存储、分析、处理供应链中的订单、物流以及库存等相关指标信息,按照供应链的需求,以图形化的方式展现出来,主要包括流程处理可视化、仓库可视化、物流追踪管理可视化以及应用可视化。

通过将供应链上各节点进行信息连通,打破信息传输的瓶颈,使企业在链条上的各节点可以充分利用内外部数据,这无疑提高了供应链的可视化。供应链的可视化不仅可以提高整个供应链需求预测的精确度,还能提高整个链条的协同程度。从实现路径上看,实现供应链运营可视化,需要从以下五个步骤入手:

(1) 能及时感知真实的世界在发生什么。这是指第一时间获得、掌握商业正在进行的过程、发生的信息,或者可能发生的状况。这一目标的实现需要企业在供应链全过程运用传感技术、RFID、物联网技术手段捕捉信息和数据,以保证信息不是片段的、分割的。

(2) 预先设定何时采取行动。即在分析供应链战略目标和运营规律的前提下设定事件规则及例外原则。

(3) 分析正在发生什么状况。这需要分析者具备一定的能力,以有效地分析所获取的信息和数据。

(4) 确定需要做什么。在获得商业应用型、图示化的分析结果之后,供应链各环节的管理者需要根据此前确立的商业规则、例外等原则,知晓需要运用什么样的资源、优化工具并且如何应对供应链运营进行调整,以形成良好的供应链方案。

(5) 采取具体措施。经过上述步骤,企业具体采用什么措施实施供应链资产、流程的调整与变革。

6.2.2.3　供应链生态化组织

供应链生态化组织是供应链服务的网络结构形成的、共同进化的、多组织结合的商业生态系统。在供应链服务化的过程中,服务的品牌和价值不仅是由供需双方或三方(即企业、客户、企业网络中的成员)的相互行为所决定的,同时也受到它们同企业利益相关者的关系影响。

利益相关者能帮助企业(服务集成商)、需求方和为服务供应商带来合作中的合法性或者新的资源,继而促进各方的合作关系的发展。因此,如何协调和整合四方关系和行为是生态化运营的核心。

6.2.2.4　供应链集成化要素

在供应链运行中有效地整合各种要素,使要素聚合的成本最低、价值最大。这种客体要素的整合管理不仅仅是通过交易、物流和资金流的结合,实现有效的供应链计划(供应链运作的价值管理)、组织(供应链协同生产管理)、协调(供应链的知识管理)以及控制(供应链绩效和风险管理),更是通过多要素、多行为交互和集聚为企业和整个供应链带来新的机遇,有助于供应链创新。

具体来讲,智慧供应链下的要素集成主要表现为通过传统的商流、物流、信息流和资金流等诸多环节的整合,进一步向以下几个方面集成拓展:

(1)供应链与金融机构的结合与双重迭代。即将金融机构融入供应链运作环节,为供应链注入资金,解决供应链中的资金瓶颈,降低供应链的运作成本,提高供应链的稳定性。

(2)消费活动、社交沟通与供应链运行的集合。消费活动和社交沟通作为一种人际交流和沟通的方式,已经开始融入供应链运营过程中,这不仅是因为消费活动、社交沟通使信息传播的方式和形态发生改变,从而使供应链信息交流的途径多样化,而且让社交活动也改变了产业运营的环境和市场,使供应链关系的建立和组织间信任产生的方式发生变革。

(3)互联网金融与供应链金融的结合。将依托于互联网产生的资金融通(如众筹等)、第三方支付等金融业务创新,既通过互联网金融降低供应链金融运营中的融资成本,拓展资金来源渠道,又通过供应链金融有效解决互联网金融产业基础不足、风险较大的问题。

6.2.3 构建智慧供应链的途径

智慧供应链是结合物联网技术和现代供应链管理的理论、方法和技术,是在企业中和企业间构建的,实现供应链的智能化、网络化和自动化的技术与管理综合集成系统。未来的智慧供应链不仅能够使供应链运作更高效,而且可以保证供应链运作更可靠。

6.2.3.1 基于客户个性化需求的供应链可靠性设计

不断扩大的客户需求已经成为供应链管理中的第三大难题。虽然迫切需要与客户进行沟通,但是企业还是倾向于将工作重心放在供应商沟通上,而不是客户身上。大多数企业是与供应商合作完成产品设计,而只有少数企业是与客户合作来完成的。

智慧供应链管理将与客户关系管理紧密融合,在智慧供应链中,客户将成为供应链系统不可分割的一部分。一方面,供应链管理人员需要站在客户的角度来思考问题,将客户需求融入供应链管理的方方面面;另一方面,鼓励和促进客户参与供应链系统的运行和管理是智慧供应链的另一重要特征。

普通供应链通过与客户互动,进而提供及时、准确的交付物。而智慧供应链则是在整个产品生命周期(从产品研发、日常使用到产品寿命结束)都与客户紧密联系。通过大量的信息交互，智慧供应链可以进行详细的客户分类，并为他们量身定做产品。

从供应链可靠性角度来看，客户需求是另一种需要关注与管理的资源，它将有助于平衡供求关系，确保供应链系统的供应可靠性；从客户角度来看，购买消费产品是一种经济性选择，通过参与供应链的运行和管理，修正自身订购和购买产品的方式，从而获得实实在在的好处。考虑到并非所有的客户，都需要相同等级的供应可靠性。因此，可以从"标准"到"优质"对供应可靠性进行分级。智慧供应链将以不同的价格水平提供不同等级的供应可靠性，以满足客户对不同供应可靠性水平的需求，同时要将优质、优价写入供应服务的合同中。

6.2.3.2 自愈供应链可以提供供应链运行保障

"自愈"指的是把有问题的成员企业从供应链系统中隔离出来，并且在很少或不需要人为干预的情况下，使供应链系统迅速恢复到正常运行状态，从而几乎不中断对最终客户的产品供应服务。从本质上讲，自愈就是智慧供应链的"免疫系统"，这是智慧供应链最重要的特征。

自愈供应链通过进行连续不断的在线运行状态自我评估，以预测供应链运行过程中可能出现的问题、发现已经存在的或正在发展的问题，并立即采取措施加以控制或纠正。为了尽量减少生产供应与服务中断，需要充分应用数据获取技术，执行决策支持算法，从而降低产品供应的中断频率及持续时间，在中断发生后迅速恢复生产供应服务。

自愈供应链采用多个可以相互替代的供应链网络设计方式，当出现供应链运行故障或发生其他问题时，通过信息系统确定故障企业，同时和备用成员企业进行通信，以切除故障成员企业或将生产任务迅速地切换到备用的同类生产企业上，从而确保供应链运行的可靠性、产品质量以及交付效率。

6.2.3.3 标尺竞争可以实现供应链可靠性提升

标尺竞争理论的中心思想是通过引入相同类型的企业，并以此作为参照对象，需要监管的企业成本和资金投入分别由类型相同企业的成本和资金投入决定。在标尺竞争监管的情况下，由于价格取决于同类企业的成本，若监管企业要获得较多利润，就必须努力做到使自身成本低于同类企业的平均水平，这样就达到激励待监管企业提高效率、降低成本、改善服务的目的。最终，待监管企业选择同类企业的平均效率水平，从而达到纳什均衡状态。

智慧供应链通过正确地运用标尺竞争理论，供应链管理者可以不需要全面了解各成员企业的成本与投入等相关信息。这样不仅有效地减少了监管机构对被监管成员企业的信息依赖问题，而且解决了信息不对称情况下的监管问题。对价格采用价格上限的监管方式,服务可靠性监管可从供应可靠度与产品合格率两个方面进行控制,采用相应的数学分析方法建立相应的监管数学模型,促使成员企业提高各自的服务可靠性,从而达到提升供应链整体可靠性的目的。

6.2.4 智慧供应链的应用

6.2.4.1 宇培供应链简介

宇培供应链管理集团有限公司是宇培国际控股全资投资公司,总投资32亿元人民币,总部位于上海。依托母公司拥有的690万平方米物流园区土地储备和400万平方米运营园区的优势资源,宇培供应链集团通过整合冷链仓储服务平台、冷链物流服务平台、电商服务平台和金融贸易服务平台,以互联网、移动互联网、物联网和大数据中心作为技术支撑,为冷链产业提供冷链仓储、冷链运输、冷链配送、国际贸易、供应链金融,五位一体的一站式服务,打造大数据时代的全产业链开放式服务云平台,整体提升冷链产业的综合服务能力和效率。

宇培供应链集团拥有全国50个高标准、现代化的专业冷链园区,共计60万平方米的冷链仓储设施,提供多温区配置的冷冻、冷藏、恒温、常温等仓储服务,并基于强大的冷链仓网体系,布局全国300条干线线路,覆盖500个城市配送网点,现已运营上海、北京、郑州、武汉、成都、芜湖、苏州、昆山、惠州、西安、合肥、肇庆、沈阳等冷链园区。

6.2.4.2 智慧物流发展战略

宇培供应链在全国范围内拥有网络化的冷链园区布局,积极拓展和延伸冷链仓储业务,其多元化仓储类型包括RDC、CDC、产地仓、跨境仓等,同时引入自动化设备、温湿度监控、视频监控预警、WMS等物联网终端设备及先进仓储管理软件,提供多温区配置的仓储服务,以智能化运营体系结合精细化管理流程,全面支持新零售和全渠道销售模式,多仓联动,库存共享。

基于强大的综合性物流基础设施体系,宇培供应链向客户提供集干线运输、城市配送于一体的冷链运输服务,实行全程温湿度和GPS监控。凭借强力车辆配备、班车化运作、丰富的产品体系等优势,宇培供应链持续打造精品冷链干线,提供专业的第三方冷链物流运输服务。在此基础上,宇培供应链建立运输网络平台,持续协调与整合市场运力资源,经由标准化、流程化的运作,实现冷链运输领域的降本增效及品质提升。

为了进一步优化客户体验,宇培供应链用心调研行业需求,潜心开发冷链干线功能,在微信端建立了一个优质的前端客户平台,实时对接后端TMS智能运输系统,在运营过程中第一时间迅速根据客户的需求进行反馈。

在国际贸易业务方面,宇培供应链整合全球源头产地及食材供应商,提供包含跨境贸易、代理采购与分销、国际运输、报关报检、二次加工、分拣包装等在内的一站式全球贸易服务,大幅缩短采购时间,提升用户服务体验,打造全球一体化的生鲜冷链新型产业链。

长期以来,宇培供应链坚持开展供应链咨询业务,借助可视化数据分析、精准报表呈现及市场行业分析等途径,为客户优化经营决策和运营执行等提供专业细致的供应链解决方案。

宇培供应链所具备的雄厚资金实力,以及良好金融机构合作关系,使其在供应链金融领域也绽放出了亮眼的企业活力,贸易融资、存货质押、应收账款融资、预付款融资、融资租赁等多层次的金融服务,均在宇培供应链广阔的业务版图之内。

6.2.4.3 案例评述

宇培供应链是知名的全国冷链供应链服务商,是冷链行业的服务标杆,已经建立起一个完善和高效的冷链供应链生态服务体系。新零售、生鲜电商、连锁超市、连锁餐饮已呈现中高端、专业化的行业发展趋势,对于食材也呈现了新鲜度高、多元化的消费升级趋势,并且用户体验升级和供应链需求的复杂化让第三方冷链服务企业迎来挑战和机遇。但整个冷链服务行业还处于一个相对初级的阶段,还没有形成头部效应,未来宇培供应链能在冷链服务行业中取得长足的发展。

知识练习

单选题

1. 智慧物流的核心要素是(　　),这是现代智慧物流区别于传统物流,并爆发出创新活力的关键之处。
　　A. 高效率　　　　B. 协同共享　　　C. 及时送达　　　D. 人工智能
2. 2016年3月,阿里系的菜鸟联合多家快递企业成立(　　)。
　　A. 菜鸟裹裹　　　B. 菜鸟驿站　　　C. 天猫联盟　　　D. 菜鸟联盟
3. 现代物流具有越来越鲜明的(　　)和(　　)特征。
　　A. 集中化;大众化　　　　　　B. 网络化;规模化
　　C. 集中化;网络化　　　　　　D. 规模化;集约化

4. 我国现有的几大枢纽城市有（　　）。
A. 上海、深圳、北京　　　　　　B. 合肥、北京、上海
C. 成都、郑州、株洲　　　　　　D. 成都、武汉、郑州

多选题

1. 供应链是通过围绕核心企业，对企业的（　　）控制。
A. 供应链　　　B. 信息流　　　C. 物流　　　D. 资金流
2. 智慧物流信息平台主要可以从以下哪些方面进行有机整合？（　　）
A. 政府部门掌握的物流信息　　　　B. 主要物流行业的物流信息
C. 物流全过程的物流信息　　　　　D. 其他物流信息平台的物流信息
3. "互联网+"物流服务典型应用场景包括（　　）。
A. "互联网+"智能终端　　　　　　B. "互联网+"智能仓储
C. "互联网+"便捷配送　　　　　　D. "互联网+"高效运输
4. 影响物流成本的关键性因素主要有（　　）、服务体系的（　　）和（　　）等。
A. 便利性　　　B. 及时性　　　C. 有效性　　　D. 运输流程合理性

简答题

1. 简述"智慧供应链"与传统供应链相比具备的特点。
2. 简述智慧供应链的流程管理。
3. 实现供应链运营可视化，需要从哪五个步骤入手？
4. 简述典型的运输组织新模式。

智慧供应链运营软件的操作实践

实践目的

1. 能掌握智慧供应链运营软件的操作流程。
2. 能够根据操作规则在模拟商业环境中开展业务。
3. 能够通过分组对抗将智慧供应链运营知识转化为实践。

实践组织

以小组为单位,在教师指导下登录智慧供应链运营软件平台,通过在中国虚拟供应链商业生态(ISCM)环境组建一家企业,通过虚拟供应链商业生态市场分析、融资与投资、采购、生产、库存、销售、运输与商业模式创新,在全国不同的大中城市,经营制造业、分销业、零售业与物流业等不同行业,在相互竞争与合作中构建供应链体系。

实践内容

平台仿真中国虚拟商业生态环境,学生分组模拟经营制造业、分销业、零售业与服务业等不同行业,参与市场分析、融资与投资、采购、生产、库存、销售、运输与运营分析匹配市场需求、新产品开发等业务。

考核要求

1. 小组合作,分工合理。
2. 操作练习认真仔细,任务完成。
3. 对抗练习公平公正,成绩合格。

项目 7　智慧物流产业

 学习目标

- 掌握智慧物流产业发展的必要性
- 掌握汽车物流产业智能化发展的关键技术
- 掌握医药物流产业智能化发展的关键系统
- 我国智慧物流产业发展与各行各业休戚相关,深刻体会行业发展与技术革新必不可分的关系,建立科技兴国、创新强国的发展理念

学习导航

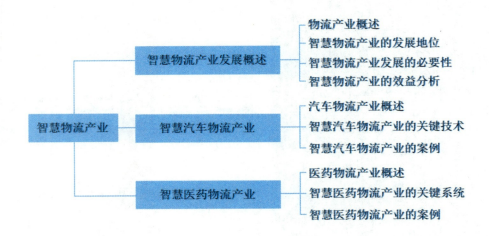

引导案例

让"聪明车"驶上"智慧路",智慧商业场景在无锡落地

无锡高新区综合保税区内,一辆厢式货车从佳利达国际物流有限公司仓库驶出。在单程5千米的物流之旅中,货车途经捷普、村田、海力士等全球知名制造工厂,进行生产零部件的装卸。让人意想不到的是,整个驾驶过程并无司机操作,只有一位安全员坐在副驾驶位。这是佳利达正在高新区进行的智能驾驶物流应用项目实景,覆盖了综保区6.7平方千米的测试区,也是佳利达在全国首个智慧物流商业场景落地项目。截至2022年底,无锡市已在物流、道路清扫等十个领域开展车联网相关场景应用。

2021年4月,无锡获评全国首批智慧城市基础设施与智能网联汽车协同发展试点城市,2022年又成为全国首个智能车全域测试城市,智能驾驶新产品、新模式依托路侧建设的优越条件,让越来越多"智能的车"跑在"智慧的路"上。

项目 7.1　智慧物流产业发展概述

7.1.1　物流产业概述

产业是指由利益相互联系的、具有不同分工的、由各个相关行业所组成的业态总称,尽管它们的经营方式、经营形态、企业模式和流通环节有所不同,但是,它们的经营对象和经营范围是围绕着共同产品而展开的,并且可以在构成业态的各个行业内部完成各自的循环。

在我国,产业的划分是:第一产业为农业,包括农、林、牧、渔各业;第二产业为工业,包括采掘、制造、自来水、电力、蒸汽、热水、煤气和建筑各业;第三产业分流通和服务两部分,共四个层次:① 流通部门,包括交通运输、邮电通讯、商业、饮食、物资供销和仓储等业;② 为生产和生活服务的部门,包括金融、保险、地质普查、房地产、公用事业、居民服务、旅游、咨询信息服务和各类技术服务等业;③ 为提高科学文化水平和居民素质服务的部门,包括教育、文化、广播、电视、科学研究、卫生、体育和社会福利等业;④ 为社会公共需要服务的部门,包括国家机关、政党机关、社会团体以及军队和警察等。

物流产业是物流资源产业化而形成的一种复合型或聚合型产业。物流资源包括运输、仓储、装卸、搬运、包装、流通加工、配送、信息平台等。运输又包括铁路、公路、水运、航空、管道五种资源。这些资源产业化就形成了运输业、仓储业、装卸业、包装业、加工配送业、物流信息业等。这些物流资源分散在多个领域,包括制造业、农业、流通业等。把产业化的物流资源加以整合,就形成了一种新的服务业,即物流服务业。它是一种复合型产业,也可以叫聚合型产业。

7.1.2　智慧物流产业的发展地位

在经济新常态下,物流产业布局进入新阶段。以物流园区、区域分拨中心、物流配送中心、多式联运枢纽等为主体的基础设施布局建设进入关键时期。物流产业发展呈现智慧化、多元化、生态化。智慧物流业已经形成依靠技术、业态、模式三大创新源泉的智慧化创新发展格局。

在工业 4.0 时代,客户需求高度个性化,产品创新周期继续缩短,生产节奏不断加快,这些不仅是智能生产面临的课题,也是对支撑生产的物流系统提出巨大的挑战。智慧物流是工业4.0的核心组成部分。在工业4.0智能工厂框架内,智慧物流是连接供应和客户的重要环节,也是构建未来智能工厂的基石。智能单元化物流技术、自动物流装备以及智慧物流信息系统是打造智慧物流的核心元素。智慧物流产业横跨各个产业部门,纵贯各个物流环节,要使智慧物流协调快速发展,就需要发挥行业协会的作用。行业协会重点在制定标准规范、开展行业研究、加强成员交流、开展示范评选等方面发挥作用。

7.1.3 智慧物流产业发展的必要性

我国物流成本占GDP比重一直居高不下,多年在18%上下徘徊,比世界平均值高出6.5个百分点,比美国、日本、德国平均高出9.5个百分点(如图7.1所示)。虽然近年来占比趋势下降,但与发达国家相比仍有很大差距。除了制造成本以外,管理效率低下、信息化程度低是造成国内物流成本偏高的主要原因。

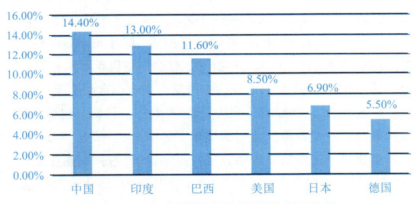

图7.1 2018年主要国家物流总费用占GDP比例

智慧物流系统能够节约70%的土地成本,带来租金成本的大幅降低。目前国家加强土地资源管理,土地资源日渐紧张,土地使用成本不断增加,企业需要充分利用有限的空间,提高现有土地利用率。而自动化物流系统由于在仓储方面是采用向高处发展的方式,有较高的土地利用率和库存容积率,可减少企业的土地成本。

智慧物流系统能够降低80%左右的劳动成本,解决招工难和人工成本持续增长的问题。同样吨位货物存储时配备的仓储物流人员,自动化物流系统可以节约2/3以上;随着国内人口红利的逐渐下降,国内企业的人力成本持续增长,自动化物流系统可以减少人员需求,从而降低人工成本。迅猛增长的智慧物流市场,不只是属于物流公司的红利,诸多行业都会受益于此。

7.1.4 智慧物流产业的效益分析

智慧物流产业的效益主要包括经济效益和社会效益。企业首先追求良好的经济效益,这不仅是企业出于积累资金自我发展的需要,而且更为重要的是能够促进社会进步、国民经济的发展以及社会生产力的提高,因此,智慧物流企业对经济效益与社会效益追求的目标从根本上说应该是一致的。

7.1.4.1 经济效益

1. 降低物流成本,提高企业利润

智慧物流能大大降低制造业、物流业等各行业的成本,实打实地提高企业的利润,生产商、批发商、零售商三方通过智慧物流相互协作、信息共享,物流企业便能更节省成本。其关键技术诸如物体标识及标识追踪、无线定位等新型信息技术应用,能够有效实现物流的智能调度管理,整合物流核心业务流程,加强物流管理的合理化,降低物流消耗,从而降低物流成本,减少流通费用、增加利润。

2. 推进信息技术应用,加速物流产业发展

智慧物流的建设将加速当地物流产业的发展,集仓储、运输、配送、信息服务等多功能于一体,打破行业限制,协调部门利益,实现集约化高效经营,优化社会物流资源配置。同时,将物流企业整合在一起,将过去分散于多处的物流资源进行集中处理,发挥整体优势和规模优势,实现传统物流企业的现代化、专业化和互补性。此外,这些企业还可以共享基础设施、配套服务和信息,降低运营成本和费用支出,获得规模效益。

3. 促进生产、采购和销售智能融合,打造智慧企业

随着RFID技术与传感器网络的普及,物与物的互联互通,将给企业的物流系统、生产系统、采购系统与销售系统的智能融合打下基础,而网络的融合必将产生智慧生产与智慧供应链的融合,企业物流完全智慧地融入企业经营之中,打破工序、流程界限,打造智慧企业。

7.1.4.2 社会效益

1. 使消费者节约成本,轻松、放心购物

智慧物流通过提供货物源头自助查询和跟踪等多种服务,尤其是对食品类货物的源头查询,能够让消费者买得放心、吃得放心,进而增加消费者的购买信心同促进消费,最终对整体市场产生良性影响。

2. 提高政府部门工作效率，助于政治体制改革

智慧物流可全方位、全程监管食品的生产、运输、销售，大大节省了相关政府部门的工作压力，使监管更彻底、更透明。通过计算机和网络的应用，政府部门的监管工作效率将大大提高，有助于我国政治体制的改革，精简政府机构，裁汰冗员，从而削减政府开支。

3. 促进当地经济进一步发展，提升综合竞争力

智慧物流集多种服务功能于一体，体现了现代经济运作特点的需求，即强调信息流与物质流快速、高效、通畅地运转，从而降低社会成本，提高生产效率，整合社会资源。

因为其众多的优势，使得更多的供应商、制造商、零售商、物流公司、车队等开始关注智慧物流，甚至于大部分已经着手开发和使用。同时也出现了致力于运用云计算、大数据等最新技术，以及一批为有货运需求的企业提供信息化、智能化的专业解决方案的科技公司，为物流、商贸、供应链等有城配需求的企业，提供智能配载、全程监控、订单管理、自助结费等行业领先的技术支持。

项目 7.2 智慧汽车物流产业

7.2.1 汽车物流产业概述

7.2.1.1 汽车物流产业的概念

汽车物流业是指汽车供应链上原材料、零部件、整车以及售后配件在各个环节之间的实体流动过程。广义的汽车物流业还包括废旧汽车的回收环节。汽车物流业在汽车产业链中起到桥梁和纽带的作用。汽车物流是实现汽车产业价值流顺畅流动的根本保障。汽车物流是物流领域的重要组成部分,具有与其他物流种类所不同的特点,是一种复杂程度极高的物流活动。

7.2.1.2 汽车物流产业的特征

1. 技术复杂性

保证汽车生产所需零部件按时按量到达指定工位是一项十分复杂的系统工程,汽车的高度集中生产带来成品的远距离运输以及大量的售后配件物流,这些都使汽车物流业的技术复杂性高居各行业物流之首。

2. 服务专业性

汽车生产的技术复杂性决定了为其提供保障的物流服务必须具有高度专业性:供应物流需要专用的运输工具和工位器具,生产物流需要专业的零部件分类方法,销售物流和售后物流也需要服务人员具备相应的汽车保管、维修专业知识。

3. 高度的资本、技术和知识密集性

汽车物流业需要大量专用的运输和装卸设备,需要实现"准时生产"和"零库存",需要实现整车的"零公里销售",这些特殊性需求决定了汽车物流业是一种高度资本密集、技术密集和知识密集型行业。

7.2.1.3 汽车物流产业的配送模式

汽车物流的核心在于配送,要解决中国汽车厂商的困惑,必须发展适合我国国情的汽车物流配送。在我国汽车产业物流配送发展的过程中,汽车产业物流配送的主要模式有市场配送模式、合作配送模式和自营配送模式,其中市场配送模式是我国汽车行业的主流配送模式。

1. 市场配送模式

市场配送模式就是专业化物流配送中心和社会化配送中心，通过为一定市场范围的企业提供物流配送服务而获取利润和实现自我发展的物流配送组织模式。具体有以下两种情况：

（1）公用配送，即面向所有企业提供物流服务。一般是具有公共物资资源优势的企业，能为配送各环节的相关部门和企业、为社会各种行业提供物流服务。上海海通国际汽车码头有限公司具有丰富的汽车运输管理和码头运作经验以及高新技术，加上管理着世界上第四大集装箱港口的上海港务局的倾力支持，明确提出了要打造世界一流的现代化汽车物流企业，以满足飞速发展的中国汽车业的需要，为中国汽车业提供卓越的物流服务。

（2）合同配送，即通过签订合同，为一家或数家企业提供长期服务。这是我国汽车行业最广泛的一种物流配送模式。

2. 合作配送模式

合作配送模式是指若干汽车企业由于共同的物流需求，在充分挖掘利用企业现有物流资源的基础上，联合创建配送组织模式。

3. 自营配送模式

自营配送模式是指由汽车企业和连锁经营企业创建，完全是为本企业的生产经营提供配送服务的组织模式。选择自营配送模式的企业自身物流具有一定的规模，可以满足配送中心建设发展的需要。如上汽集团自有的安吉物流，其自身具有一定的规模，但随着电子商务的发展，这种模式将会向其他模式转化。

7.2.2 智慧汽车产业的关键技术

汽车物流行业的数字化、智能化转型是行业增长的巨大推动力，与制造业、汽车业相关的企业，无不在思考如何进一步提高智能化程度，提升自动化水平。数字化是整个产业每个环节都需要认真面对的课题，汽车物流行业同样需要数字化升级。

7.2.2.1 高效运作管理技术

汽车物流运作管理中普遍存在运力资源利用率低和运输成本高等问题。通过高效运作管理的技术创新，采用虚拟试载和智能配载技术的集成创新，可以推动汽车物流向经济和社会友好的方向发展。

1. 虚拟试载技术

商品车配载是一个在轿运车机构制约下的复杂三维装载问题。依赖于经验的人工试载在大规模汽车物流系统中无法发现可能存在的优越方案,加之板车和商品车车型的复杂多样,使得依赖于经验的配载方式无法实现对装载空间的充分合理利用,商品车物流配送成本难以降低。通过建立整车物流智能配载可以优化流程(如图7.2所示)。其中,二维与三维虚拟配载通过二维异形件排样算法,三维运动仿真模拟与优化建立四维(三维空间与商品车装卸过程)虚拟配载方法。

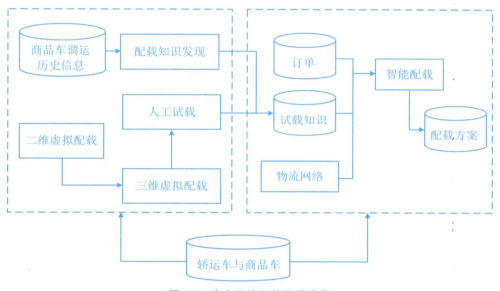

图7.2 汽车物流智能配载优化

2. 智能配载技术

汽车物流,尤其是商品车配载具有两个分布性:一是商品车目的地分散,经销中心数量庞大;二是随着汽车物流业务的壮大,商品车整车厂同样具有较强的分布性,地理跨度大。板车与商品车一对多的配载既利于降低成本,也提高了配载难度。汽车物流可以在地理信息系统、实时监控系统、物流过程预测技术、组合优化和大规模优化算法设计的基础上,开发基于配载模式组合的智能配载技术,创新性地将配载知识发现、空间物流过程预测与组合调度结合起来,显著降低汽车物流成本,提高服务满意度。

7.2.2.2 物联网的系列集成创新技术

1. 需求映射与分级匹配

汽车物流物联网的集成管理安全系统是指通过整车物流网络以及轿运车和商品车的物物互联,在互联网的基础上,对商品车的储运和交接过程进行管理。安吉物流在物联网信息管理策略的预研过程中,已经深入研究实现物联网信息需求与可供给信息内容之间的映射与匹配的问题,以提供准确和有效的物联网信息需求响应能力。建立物联网多维度信息内容的分类与度量模型;建立物联网信息需求辨识、理解与映射机制模型;建立基于供需映射的物联网信息分级匹配模型。该成果能够显著降低物联网海量数据的存储和传输压力。

2. 电子签收的手持终端与系统

电子签收系统用于物流公司将商品车辆运抵至相关经销商处后所进行的交接功能,该系统主要由三大部分组成:手持终端、数据接口和实时电子签名。交接信息同现有的调度系统、仓储系统、经销商的管理系统相连接,形成数据链路,大大缩短了供应链的响应时间,从而满足公司管理需要并为客户提供更为个性化的服务。

在对现有手持终端市场调研的基础上,通过集成创新,设计手持终端集成条形码扫描功能、RFID感应接收功能、GPS信息接收功能、GPRS通信功能、摄像功能等。手持终端采集涵盖了收/发货方和运输方信息、货物信息、质损信息、交接时间、地点等信息模块,并相应设计电子交接系统的后台应用,包括GPRS通信数据解析和交接处理。

3. 实时电子签名关键技术

货物交接实时电子签名集成了RFID技术、GPS技术、条码扫描技术和无线通信技术,支持实时获取交接数据,构建了支持物流过程中货物电子交接的全程实时管理,在每次交接货时都形成了一个唯一的数字签名,通过手持终端的GPS定位数据对数字签名进行双重验证,通过GPRS将上述信息连同电子签名发送至物流公司的服务器进行数据校验和状态更新,实现了商品出库—在途—入库全程电子跟踪、实时信息反馈,提高了物流过程管理效率和透明度,为客户提供个性化的服务。

7.2.2.3 运营安全保障技术

随着业务量激增,用户访问系统的请求呈爆炸式增长,TMS、WMS、FMS、SAP、GPS等应用服务器由此产生应用处理的性能瓶颈,从而导致用户访问感受差和工作效率降低。简单地依靠提高硬件性能并不能真正解决用户访问请求和业务高速增长的需求。本着对性能、可用性、安全性、可管性、可扩展性的要求,汽车物流科技在云计算集成创新方面形成系列成果。

1. 分布式存储系统及其安全保障技术

物流作业安全、信息安全和服务供应链安全是制约物流企业安全的三个层次,信息安全是作业与供应链服务系统稳定运营的关键。传统的存储系统和安全技术采用静态参数配置,缺乏对灾变和失稳业务的敏感性,无法集中资源应对潜在的异常事故。

以下策略可以应用于汽车物流物联网的分布式存储系统及其安全保障技术:对系统运行行为信息进行记录,建立汽车物流及其管控行为的综合数据库;建立系统运行信息的数据仓库,以阶段性滚动处理和实时处理两种方式维持数据仓库的全面和一致性;建立数据挖掘模型,发现异常行为的作用机理和风险,设计应急拦截方法;根据系统状态采用动态时变的存储更新和备份方案,协调安全性和系统性能。

2. 私有云服务的平台设计与集成创新技术

私有云是网络化的大型物流企业提升其信息化组织能力的关键技术,目前市场上并未形成统一的架构和技术。汽车物流企业根据自身业务和信息化特征,对市场上相关技术进行集成与综合,提供对数据、安全性和服务质量的有效控制。汽车物流企业拥有基础设施,并可以控制在此基础设施上部署应用程序的方式。私有云可部署在企业的可控范围内。企业采用 VMware vSphere 虚拟化技术,将应用程序和操作系统从底层硬件分离出来,建立可靠的虚拟化平台,从而简化 IT 环境,降低 IT 硬件和运营成本,提高服务级别和应用程序质量,增强安全性和数据保护能力。在虚拟化平台之上,在防火墙内部署私有云基础架构。借助资源集中组织和动态分配以及自助式门户,降低基础架构和管理成本并提高业务敏捷性。通过虚拟化 IT 基础架构中的所有资产,采取策略驱动的管理实现"IT 即服务"交付,自动执行日常运营任务,提高企业效率并节省成本。

7.2.2.4 汽车物流商务智能与一体化技术

物流业务具有的典型特点对一般数据挖掘和商务智能提出挑战:物流业务发生在网络结构上,是服务供应链中不同实体之间的复杂协调的结果;物流业务具有网络上的时空效应;物流信息本身的海量特征为计算和分析带来复杂性。

1. 商务智能技术

汽车物流企业可以建立数据仓库,支持商品车物流运营决策分析,实现海量物流业务数据快速抽取,支持即时查询,为实时化展示物流服务全过程提供支撑。数据仓库设计主要以星型模式为主,部分采用雪花模式,以订单为中心对物流运作数据进行组织和管理。采用先进的变化数据适时捕获机制,保证过程监控和数据分析效果,实现了海量业务数据的快速抽取。利用企业级ETL工具,保证了数据的质量。采用数据仓库总线技术,确保扩展性和灵活性。整合中央调度系统(TMS)、分供方系统(FMS)、GPS车辆监控系统、仓库管理系统(WMS)、财务管理系统(SAP)这五大整车物流管理信息系统所产生的数据。另一个非常典型的应用是通过知识发现形成了配载知识库。

2. 多维可视化技术

传统的多维可视化是对不同业务信息的再现或实时监控,然而这对物流业务过程的时空效应和价值链缺乏体现,难以达到决策支持的目的。在深化研究中,建立了基于物联网的可视化架构,以及如图7.3所示的基于时空模拟的多维可视化平台。

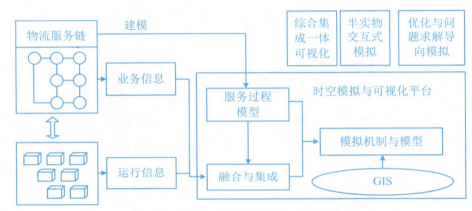

图7.3 基于时空模拟的多维可视化平台

多维可视化系统通过数据信息、展示软件与展示硬件相结合,实现更形象、更直观、多角度、多层次的可视化展示,反映出即时业务运作状态和发展趋势。采用自动播放技术、多屏拼接技术、信号源集成技术和远程操控技术,以数据仓库平台为依托,构建支持物流过程监控与管理的多维可视化系统。系统可以面向主机厂商、汽车物流企业总部、运输公司等各类型用户,通过图形化的方式,实时展示货物的物流状况。

系统具有独立、安全、覆盖范围广、服务对象多等特点。多维可视化系统拥有多条通信专线用于传输视频和数据,与企业当前的办公局域网络组成一个独立的广域网络,具有良好的可靠性和安全性;系统的视频监控点能够涵盖目前所有的总库装卸场地、铁路运输装卸场地、口岸运输装卸场地、运输公司装卸场地等;企业内部网络以外的信息将按特殊的网络入口进入系统,此外多维可视化系统还可以向OEM厂商提供实时物流信息服务。

7.2.3 智慧汽车物流产业的案例

7.2.3.1 一汽物流概况

长春一汽国际物流有限公司成立于1997年7月,是一汽集团一汽物流有限公司全资子公司,是一汽集团进出口货物的物流集散地,也是东北最大的集装箱内陆港之一,拥有东北最大的零部件拆散中心(DC)和筐式配送中心(BC)。长春一汽坐落于吉林省长春市的西端,与一汽大众相邻,距一汽集团卡车基地、轿车基地仅5千米,交通便利、地理位置优越,占地72万平方米,年吞吐能力为10万吨,拥有铁路专用延长线1050米,拥有现代先进的集装箱物流管理系统及较为先进的专业物流作业设备。

一汽物流的主营业务主要集中在中国地区,是一汽解放、一汽轿车、一汽大众、一汽丰田、天津一汽夏利、吉林汽车指定物流运营商。目前正在加速推进"5+2"基地群建设,5个基地群是指长春本部、天津基地、成都基地、佛山基地、青岛基地,2个集散中心是指上海(含无锡)、武汉分拨中心。目前,一汽物流已初步完成长春、天津、成都、佛山及青岛等基地群建设,并着力谋划武汉基地群蓝图,秉行以集团四大生产基地为网络节点,以公路运输为主,铁路、水路运输为辅,干线运输与区域内短途分拨相互结合的运行模式,依托武汉、上海(含无锡)两大分拨中心的特殊地理位置,构筑长途快速物流通道。

7.2.3.2 智慧物流发展战略

1. 智慧物流纵向产业链运营模式构建

(1)供应链一体化。随着"智慧物流2025"中对未来物流业提出明确的发展方向和中国汽车产业日趋激烈的高竞争市场环境对于提质增效的要求,一汽集团对整个集团物流业务做出了适应未来供应链竞争的业务全面整合,从实物流角度来看,以"互联网+、大数据、云计算"为依托的智慧物流的发展必然会倒逼生产制造型企业将零部件物流业务和整车物流业务整合,走向"产前零部件物流+产中零部件物流+产后整车物流及备件物流"纵向供应链一体化发展模式(如图7.4所示)。

(2)物流节点空间布局。物流节点是物流集散和提供多种物流服务的物理空间,是物流实现过程的多功能综合服务平台。生产制造型企业物流节点应以物流服务辐射半径30~50千米为佳,通过智慧物流真正实现在最低的成本条件下,最高效地实现物权转移或者增值。

2. 供应链一体化的智慧物流信息平台建设

(1)第一阶段(2008~2016年):一汽物流自2008年通过国际招标的方式引入企业

物流链管理国际排名第三的美国INFOR公司的WMS系统,2016年引入甲骨文公司的TMS系统。信息系统软硬件累计投资4700万元。目前一汽物流供应链信息管理方面主要由六大管理系统构成,它们分别是:企业门户(客户管理系统)、运输管理系统、仓储管理系统、集装箱场站管理系统、海关商检管理系统、出口物流管理系统(如图7.5所示)。

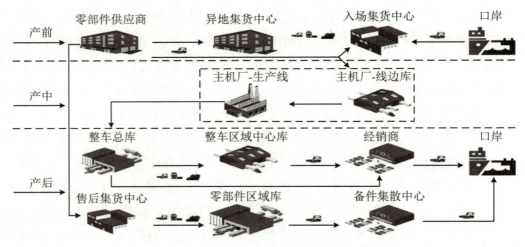

图7.4　2017年一汽物流实物流供应链示意图

(数据来源:长春一汽国际物流公司)

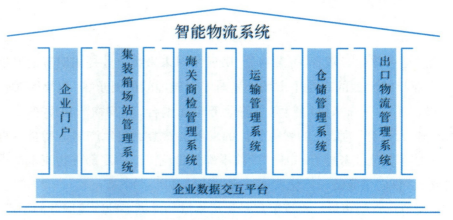

图7.5　2017年一汽物流智能物流系统示意图

(数据来源:长春一汽国际物流公司)

(2) 第二阶段(2016～2025年):根据中国一汽的物流信息化现状和智慧物流总体发展目标,备战到2025年实现物流工业4.0的目标,在供应链一体化的智慧物流实现过程中,要以现有的物流管理系统为基础,如WMS(仓储管理系统)、TMS(运输管理系统)、

ERP（企业资源计划系统）、ASCM（供应链管理系统）等系统，充分利用Internet、EDI、GIS（地理信息系统）、GPS（全球定位系统）等信息技术，形成一个统一的智慧物流信息平台。该体系由三个层次构成：第一个层次是围绕一汽集团内各主机厂的产前—产中—产后业务链条的信息化，包括物联网＋自动化设备感知采集；第二个层次是集团层面的物流企业服务总线数据采集的标准化；第三个层次是建立大数据＋云计算＋云存储的信息平台，最终实现集团层面物流供应链信息智慧化，以完成一汽物流到2020年整体营业收入达到150亿元的战略目标（如图7.6所示）。

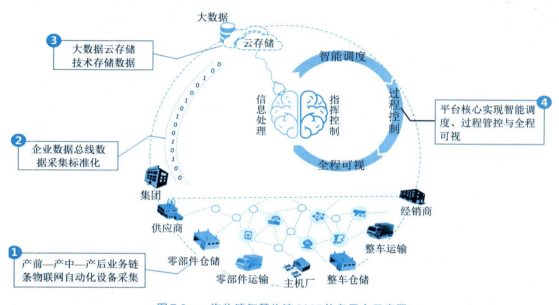

图7.6　一汽物流智慧物流2025信息平台示意图

（资料来源：长春一汽国际物流公司）

（3）实现路径：为了支撑一汽物流实物流供应链一体化战略目标，备战一汽物流工业4.0的目标，一汽物流梳理了"产前零部件物流＋产中零部件物流＋产后整车物流及备件物流"纵向供应链，进行了模块化工作设计，共计22个模块，其中需要补短板、强弱项的模块有：装载优化系统、产前零部件在途跟踪系统、零部件WMS仓储系统版本统一、任务管理—波次管理—转换包装管理系统、产后整车在途跟踪系统等；与行业内竞争对手对标缺失需建设的模块有：可视化平台、零部件运输订单管理系统、器具管理系统、整车仓储管理系统、整车订单管理系统、安全品质管理系统等；需要吸取智慧物流先进经验的模块有：路径优化系统、零部件拣货策略模块升级、仿真建模系统、装载优化系统、建设供方管理系统、司机移动交互平台等；备战物流4.0的模块有：主数据管理平台、企业服务总线、大数据分析与挖掘、互联网订单管理系统等（如图7.7所示）。

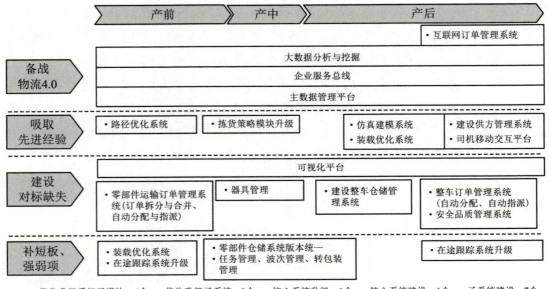

图7.7 一汽物流智慧物流2025信息平台搭建

(资料来源:长春一汽国际物流公司)

3. 智慧物流技术应用

一汽物流在进行优化供应链、体质增效过程中,陆续应用智慧物流相关技术,如集装箱场站与海关之间的EDI系统、集装箱场站与拆散中心之间的运输数据及仓储数据的EDI系统、拆散中心内KLT零件使用的语音拣选技术、GLT零件使用的K车拣选技术、筐式配送中心内使用AGV技术替代牵引车、智能化灯光拣选技术、物流超市内使用机械手机器人拣选及电子看板拣选技术等(如图7.8所示)。

预计应用效果如下:

员工劳动强度下降45%;

优化操作人员37%;

运输成本降低12%;

物流环节实现无纸化操作,每年节约38.7万元;

客户准时配送率将提升至99.9%以上;

减少客户运营成本约800万元/年。

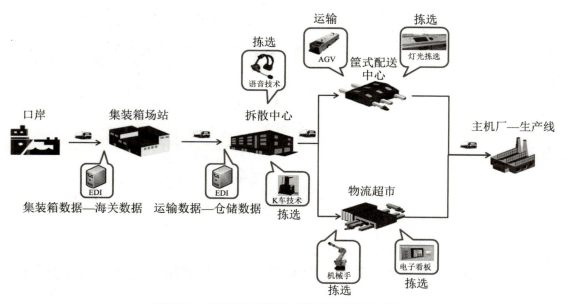

图 7.8　一汽物流智慧物流新技术应用场景案例

（资料来源：长春一汽国际物流公司）

7.2.3.3　案例评析

在中国汽车产业日益成为高竞争行业的大背景下，发展智慧物流成为企业提质增效的突破口，将智慧物流纵向产业链运营模式构建、供应链一体化的智慧物流信息平台建设、智慧物流技术应用三者的相互融合，成为一汽物流实现自身物流蜕变与突破的有效途径。

当前，一汽物流有限公司还处于工业 3.0 阶段（电子与信息技术－信息化），随着纵向产业链运营模式的深入实施，到 2025 年一汽物流有望进入工业 4.0 阶段（信息物流系统的智能化－网络平台化），一汽物流最终会发展成为中国汽车物流行业的龙头企业（如图 7.9 所示）。

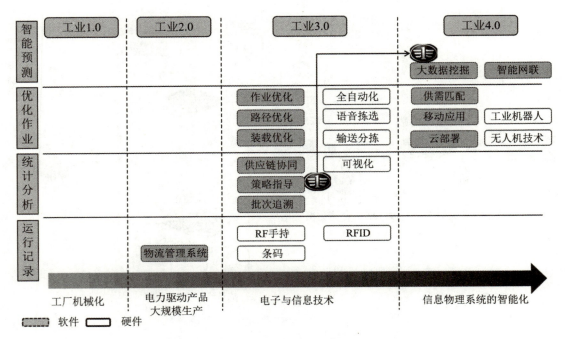

图7.9　一汽物流智慧物流发展战略目标定位

(资料来源:长春一汽国际物流公司)

项目 7.3　智慧医药物流产业

7.3.1　医药物流产业概述

7.3.1.1　医药物流产业的概念

医药物流不是简单的药品进、销、存或者是药品配送。所谓的医药物流就是指：依托一定的物流设备、技术和物流管理信息系统，有效整合营销渠道上下游资源，通过优化药品供销配运环节中的验收、存储、分拣、配送等作业过程，提高订单处理能力，减少货物分拣差错，缩短库存及配送时间，降低物流成本，提高服务水平和资金使用效益，实现物流的自动化、信息化和效益化。

7.3.1.2　医药物流产业的特征

1. 医药物流运输批量小、频次高，且对运输工具有一定要求

药品通常有质量轻、价值高的特点，因此医药物流对车辆的要求一般不是对车辆吨位的要求，而是要求车辆有较好的平稳性，对于部分特殊的药品还需要低温运输，如针剂、疫苗等。

2. 医药物流作业过程对医药产品的存储、批次的管理等环节严格控制

由于药品种类繁多，分类也十分复杂，医药商品按性质划分可分为化学药、原料药、中成药、生物制药、医疗器械、医疗用品等，按保存温度分可分为常温药、低温药、冷冻药等，不同类型的药品要进行适合其自身性质的储存，有些药物对于储存的温度、湿度及避光等都有要求，而不同批次的药品由于生产时间不同也要分开储存。

3. 医药物流过程中存在很多拆零工作

药品经营是以零售为主再加之药品种类繁多，所以针对医药物品的配送会产生大量的拆零动作，有时整箱作业和拆零作业需要同时进行，所以医药物流配送要有严格的质量监控，以提高作业效率。

4. 医药物流相对于一般其他的行业物流进入门槛较高

国家规定所有从事医药流通的企业必须要通过GSP的认证。药品在流通过程中的采购、验收、储存、销售等环节必须严格按照GSP的规定进行操作，对企业的资质要求较高。

5. 医药物流有一定的应急性

医药物流受自然因素与突发性公共事件的影响较大,如洪水、地震等自然灾害或由流行性疾病等不可预知的因素。

7.3.1.3 医药物流产业的运作模式

1. 快批模式

快批模式指以医药批发企业为主体,制药企业的产品汇集到批发企业物流中心,由于医药连锁企业没有自己的配送中心,批发企业物流中心根据医药连锁企业各分店的订单要求,对各地的下游客户进行直接配送,最后由总公司与批发企业结账。

这种模式是由九州通医药集团创始人刘宝林先生提出的一种规模大、价格低、现款交易的"快批模式",简称"九州通模式"。该模式将提交订单、交货、回款等发生在不同时空的环节压缩于一点,省略了人员促销、催货、催款等一系列步骤,并在实现药品批发业务后,对其进行配送的独特模式。

物流运作的独特之处在于,企业选择了"两级医药物流分销模式",组建一级物流分销中心和二级配送中心(包括下设的配送服务站)所构成的两级分销网络的跨区域大型医药分销企业集团。企业在规划物流中心的全国布局与规模时,重点考虑的是当地的市场资源,客户网络与原有物流网络的配合,物流中心与配送中心的设置密度为物流时程在200千米以内。

2. 自营模式

自营模式指医药企业自己建立起网络化的现代物流配送体系,自主完成物流相关流程。

自营模式的优点包括:① 对供应链各环节有较强的控制能力,使物流与资金流、信息流、商流的结合更紧密;② 对客户需求做出快速反应,建立有效的客户关系管理,提升企业形象;③ 自主掌握产品分销渠道,减少商业秘密、知识产权泄露的风险。

自营模式的缺点是:① 需要大量资金、人才投入,企业需具备一定的规模和风险承担能力;② 要求企业有很强的管理能力,若管理不好,物流会成为企业负担;③ 要求企业有很强的物流信息平台的开发建设能力。

3. 外包模式

外包模式指用现代化物流管理手段,由第三方物流企业为药品的生产、经营、使用单位提供符合新版GSP要求的药品验收、存储、养护、配送管理服务(如图7.10所示)。

该模式以企业网站为物流信息平台,使物流配送透明化。开发运单跟踪系统,对客户进行分类编码,为每位客户进行在途物的控制(GIT)药品物流信息追踪和管理。以合同为导向,提供多功能、全方位的服务。

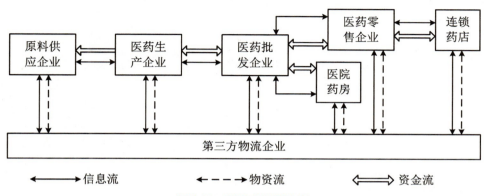

图7.10　第三方医药物流

外包模式下医药物流企业建立全国区域物流代理配送平台,增强中小城市"门到门"的辐射能力。例如,邦达物流通过与其他同行以及相关企业结成伙伴关系,构建一个虚拟的配送链,共同为客户服务,其中医药物流企业作为配送链的总集成商和顾客单向联系,并监控协调其他参与企业的活动。代理配送是将各种物流服务功能综合化,在一定区域内进行物流功能的集成,对于区域的配送,由配送链中靠近顾客的配送结点来完成。

4. 自营与外包相结合的混合模式

自营与外包相结合的混合模式是指将物流环节中的某一部分外包出去,其余的物流环节仍然自己来做。基本运作模式包括以下类型:

(1) 集中配送模式。区域物流中心对各自范围内的药品实行集中配送,城市物流中心在对零售终端客户进行药品配送,已经做到了按照药品剂型和客户需求采取不同的运输条件分固定班次进行集中配送。

(2) 直接发货模式。对于商品数量大、与生产企业有协议的企业,企业区域物流中心和节点企业尽可能地委托生产厂家直接从厂家仓库将药品发往分支企业。但该种模式仅作为集中配送模式的补充。

(3) 第三方物流配送模式。企业各区域物流中心都拥有各类厢式货车,基本能满足自身的物流需求,但在销售高峰期,也需要使用一部分外部车辆进行药品配送。因此,各物流中心与外部物流公司保持良好的合作关系,不定期利用第三方物流企业的运力,保证业务高峰期的药品配送需求。

5. 基于电子商务的药品物流模式

基于电子商务的药品物流模式就是在电子商务平台上完成供应商和医院、诊所、连锁药店和药品流通企业的药品交易,通过企业药品配送系统集中配送。其运作模式如图7.11所示。

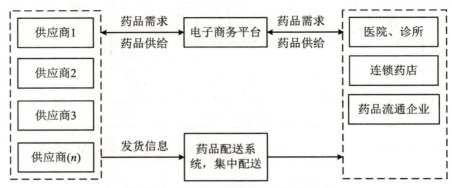

图7.11 基于电子商务的药品物流模式

医药电商运营模式主要包括B2C、B2B和O2O等模式。它们的平台属性和盈利模式见表7.1。

表7.1 医药电商运营模式比较表

模式	类型	平台属性	盈利模式	代表网站
B2C	自营式B2C	企业自营多种医药,向消费者提供医药电商服务	销售价差,从商家抽成,广告	健一网、七乐康、好药师网
	平台式B2C	第三方B2C平台为买卖双方提供医药交易服务	从商家抽成,广告	天猫医药馆、一号药店
B2B	政府主导的B2B采购平台	非营利性药品集中招标采购平台	非营利性	各地政府医药招标采购平台
	药企B2B	生产商、批发商、医疗机构之间的交易服务平台	交易佣金、广告费、物流配送	珍诚在线
O2O	O2O	线上下单,线下取药	销售价差,从商家抽成,为线下导流	阿里健康

7.3.2 智慧医药物流产业的关键系统

医药物流企业在管理方面致力于物流信息化运营的一体化运作和管理,物流中心实施统一的标准化作业以及统一的运营数据体系,确保物流中心之间网络运作的协调和效率。由于医药物流涉及的作业环节很多,因此信息系统必须结合其工作流程,在所有的作业环节上实现最优化,才能保证作业成本的降低,否则会因作业"节拍"的不一致影响整个流程的效率;另一方面,强大的信息系统可以使企业的物流体系更加柔性、敏感、灵活,最大限度地使用物流资源支撑更大的销售量,这也是信息化与物流建设相得益彰的体现。

目前,企业商业网点的管理已基本实现信息化,但大部分企业并未建立商业网点空间信息数据库,从而没有真正发掘空间信息的价值。随着网点的扩张,一系列问题将出现在企业面前:如何进行网点优化、网点选址、业态调整、市场竞争分析;如何进行网点管理、配送线路优化、车辆管理等。所以在整个供应链中医药物流网点管理与智能配送成为了系统的关键。在关键环节中,一头连着生产企业,一头连着医疗机构和患者,应首先将发展模式进行重大转变,变传统商业为现代服务业,向生产和销售终端延伸各种专业化服务,建立并主导产业系统的供应链,在地区的企业只有不断提升供应链管理水平,才能不断提高核心竞争力,进而推动整个流通供应链体系的建设,实现生产商、批发商、零售商、医疗机构和医疗保险机构的和谐共赢。

7.3.2.1 医药网点管理

医药供应链是一个从供应源到需求源的网链结构,它由药品生产企业、批发商、零售商(网点)和消费者组成。一个企业是药品供应链的一个节点,节点企业在需求的驱动下,通过供应链的职能分工与合作,以资金流、物流、信息流、服务流为媒介实现整体不断增值,给医药行业的相关企业带来收益。对药品供应链运作的全过程进行及时、有效的监控与追踪,是降低流通成本的关键环节。

医药物流网点是联系企业与消费者的纽带,是企业最终为消费者提供服务的窗口,是企业商品销售的主要场所,所以对网点企业的合作与信息化管理是医药物流的关键之一。建立面向企业应用的网点管理GIS(地理信息系统),以运筹学优先算法为理论基础,综合运用计算机技术、空间信息技术、无线网络通信技术和物联网相关技术,实现了网点选址、经营管理、配送管理、成本绩效统计分析与辅助决策的科学化、智能化和可视化等。

1. 网点决策支持系统

影响商业网点的因素较为复杂,如城市规划控制、交通便捷程度、周边网点竞争格局、网点规模及经营特征、消费者空间分布、消费习惯及购买水平等方面。在实际应用中,应该综合多方面的因素,辅助企业制定动态调整决策。

2. 商业网点管理系统

以业务可视化为目标,采用"业务一体化"的空间数据采集、更新方法,实现商业网点的业务信息同步、坐标采集与标注、数据检查入库和数据维护。

(1) 网点客户经营管理系统。网点客户管理系统以网点为单位,组织管理客户资源、客户的销售记录、客户商品库存等。网点客户管理子系统还保存重点客户、大客户的基本信息,可查询、统计、标识重点客户、大客户及重点企业等信息。

(2) 网点经营辅助决策子系统。网点经营辅助决策子系统充分利用网点决策支持管理系统、网点客户经营管理系统等数据,按照经营决策的需要,采用数理统计分析、GIS空间分析、智能决策的技术和通用的辅助决策支持工具,对网点系统数据进行进一步的重新加工整合,输出不同的统计、分析信息,为进行辅助决策提供决策服务。

(3) 后台数据维护子系统。后台数据维护子系统完成从数据库中提取的数据导入到网点管理信息系统的后台数据库,为网点管理信息系统提供基础数据功能。

7.3.2.2 智能配送系统

现代物流与传统物流的最根本的区别是融入了现代化信息技术,通过互联网实现信息资源共享。现代化信息网络技术的高效性,是创造物流时间价值和空间价值的基础,它能使物流配送中心随时掌握最新的物流信息,进行科学的决策、快速准确配送,最大限度地降低成本,实现最优化物流方案。通过发展电子商务平台,可以使信息流、资金流和物流同步运作,实现高效动态的现代化物流体系。

1. 智能配送系统流程

利用配送点、中转和实施路况等数据,建立智能配送协同模型,实现配送线路优化、订单智能拆分组合、拣装货等自动化,继而出货作业时间大幅度缩短,拣货作业错误率减少,综合人力成本大幅降低。

2. 配送线路设计与优化

运用四叉树和遗传算法实现配送片区的划分和多目标约束(时间、装载量、资源使用、线路、成本等约束)下配送路线的优化计算,实现了最佳配送线路的快速计算,大大提高了配送效率。

3. 配送跟踪与分析

监控中心记录每辆配送车辆的运动轨迹，通过GPS轨迹回放可实现事后责任鉴定、成本利润分析、工作绩效评估等分析操作，为进一步优化管理提供决策依据。

7.3.3 智慧医药物流产业的案例

7.3.3.1 九州通简介

九州通是一家以西药、中药、器械为主要经营产品，以医疗机构、批发企业、零售药店为主要客户对象，并为客户提供信息、物流等各项增值服务的大型企业集团。公司立足于医药健康行业，是中国医药商业领域具有全国性网络的少数几家企业之一，连续多年位居中国医药商业企业前列，领跑中国民营医药商业企业。其中，线上B2B业务目前年收入约100亿元，每年以30%以上的速度增长，是九州通重要的业务增长点。

7.3.3.2 智慧物流发展战略

九州通一直围绕着天鹅战略管控模型，落实经营战略规划，以"降库存、控应收，防范资金风险；拓终端、强管理，提升经营效益"为经营理念，制定了以分销业务、医疗业务和终端业务为核心业务，以中药业务、医疗器械、消费品、医药工业、总代理业务、三方物流为战略业务，以生物制品、基金投资、医养融合、孵化器、药品研发为需要培育的新兴业务的365战略组合，以及"核心业务稳中求进、战略业务抢抓市场、新兴业务积极探索"的战略发展思想。

九州通拥有全国性的营销网络和丰富的上下游资源，先后在湖北、北京、河南、新疆、上海、广东等大部分区域中心城市和省会城市兴建了31家省级子公司（大型医药物流中心），100家地市级分子公司（地区配送中心），构建了覆盖全国95%以上行政区域的营销网络。公司经营品种品规36万余个，上游供货商1万多家，下游客户20万家，取得了国内近千种药品的全国或区域总经销或总代理资格，保障了客户多样化的需求，满足"一站式"的采购体验。

九州通物流存储能力1000万件，出货效率达10000行/小时，出库准确率达99.99%，自有配送车辆1700余台。公司秉持"技术让服务更卓越"的理念，并致力于现代物流技术和信息技术的开发和应用，通过自行设计、规划、系统集成，已完成了旗下131座现代化医药物流中心的建设，并广泛使用了具有自主知识产权的仓储管理系统（LMIS）、设备控制系统（WCS）、运输管理系统（TMS）、第三方物流平台、药品监管码采集等系统，取得相关308项计算机软件著作权，是具备独立整合物流规划、物流实施、系统集成能力的医药分销企业,并获得了"中国物流改革开放30年旗帜企业"的荣誉称号。

九州通强力推进FBBC业务模式,整合B2B、B2C交易平台,拓展B2B、O2O业务。并完善智能健康服务平台,依托人工智能技术,导入医院、互联网医院和远程医疗等资源,建设智能化的医疗和药学服务平台,为消费者和医疗机构提供智能服务。同时为平台核心入驻药店导入处方,为签约药店和诊所带来更多的业务机会。三大平台通过大数据与业务的无缝集成,获得更多的市场产品信息,帮助九州通在医药市场上的业务做得更精准和更稳固。

九州通搭建健康智慧平台,获得了《互联网药品交易服务资格证书》(B2B模式)和《互联网药品交易服务资格证书》(B2C模式),依托好药师品牌,建立用户智慧医疗健康服务体系,实现九州通医疗健康产业的全链条服务。并依托九州通的B2B优势资源,构建终端药店服务体系,建立药店同盟军,打造全国性配送体系,快速提升终端用户体验。以云技术、大数据和人工智能等技术为基础,规划智慧客服、智慧药店、智慧渠道、智慧健康等一系列创新服务,以科技驱动建立医疗健康智慧平台。

7.3.3.3 案例评析

九州通是为客户提供信息、物流等各项增值服务的大型企业集团,作为一家民营医药物流企业,已经具备相当雄厚的实力。但要想成为拥有国际知名度的医药物流企业,一方面需要向国内外优秀的物流企业学习,引进和培养人才;另一方面还需要把握自身优势,解决发展中的问题。

知识练习

单选题

1. (　　)是智慧物流的骨架。
 A. 云计算　　　　　　　　　B. 智慧物流技术装备
 C. GPS/GIS　　　　　　　　D. 条码自动识别

2. 中国物流行业的(　　)将驱动行业提质增效、培育新晋从业者。
 A. 智慧科技武装　　　　　　B. 智慧物流技术装备
 C. 云计算　　　　　　　　　D. 条码自动识别

3. (　　)年智慧物流发展得到了业界广泛关注,成为了物流业发展与创新的一道靓丽风景。

A. 2019　　　　B. 2020　　　　C. 2021　　　　D. 2022

4. (　　)是现代物流系统中的重要物流节点。

　A. 智慧物流技术装备　　　　B. 智慧科技武装

　C. 自动化立体仓库　　　　　D. GPS/GIS

多选题

1. (　　)是智慧物流的大脑。

　A. 感知技术　　B. 大数据　　C. 人工智能　　D. 云计算

2. 2018年年末国务院召开常务会提出要多措并举发展"(　　)+(　　)+(　　)"的现代物流体系。

　A. 通道　　　B. 运输　　　C. 枢纽　　　D. 网络

3. 从物流系统技术趋势角度看,智慧物流系统由(　　)所组成。

　A. 物流大脑　　　　　　　B. 信息传输系统

　C. 云计算　　　　　　　　D. 作业执行

4. 经济新常态下,物流产业布局进入新阶段。以(　　)等主体的基础设施布局建设进入关键时期。

　A. 物流园区　　　　　　　B. 区域分拨中心

　C. 物流配送中心　　　　　D. 多式联运枢纽

简答题

1. 简述智慧物流的概念。

2. 简述长春一汽物流的智慧物流发展战略。

3. 简述中国物流行业发展的六大趋势。

4. 简述自动化立体仓库相较于传统仓库的优势。

实践练习

疫情下医药物流智能化建设方案

实践目的

1. 能了解并分析所在地区医药物流的发展现状。

2. 能分析所在地区的疫情背景下对医药物流发展的影响。

3. 能为所在地区医药物流智能化系统建设提出合理化的建设方案。

实践组织

以小组为单位,教师组织观看疫情下医药物流方面的相关视频,自行调研所在地区在疫情影响下的医药物流运作情况,收集信息并完成建设方案的撰写。

实践内容

以学生所在地区为对象,结合网络视频,针对当地医药物流发展的基础、现状和智能化发展趋势开展调研,完成建设方案。

考核要求

1. 小组合作,分工合理。
2. 内容分析详实,有数据、图表。
3. 建设方案表述清晰,可操作性强。

项目 8　智慧物流战略

 学习目标

- 掌握智慧物流战略的目标、任务和途径
- 掌握智慧物流协同创新的具体应用。
- 理解智慧物流与城市"大脑"、枢纽城市的关系
- 深刻体会智慧物流的发展与城市、社会发展是休戚相关的,充分理解物流产业智能化升级的重要性,树立职业自豪感和责任感

学习导航

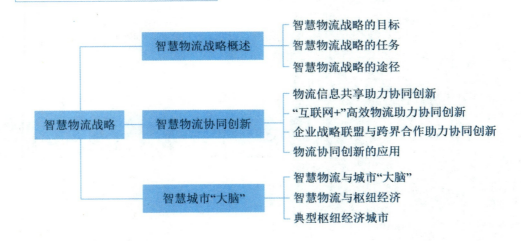

引导案例

旷视助力海淀城市大脑建设 展现城市"智"理中的AI力量

海淀城市大脑是海淀区立足首都"四个中心""两区三平台"的战略定位,是贯彻海淀"两新两高"战略部署的重要抓手和龙头工程。自2018年以来,海淀城市大脑以"需求牵引,业务驱动"为导向,聚焦城市治理领域,经历了三个建设阶段:首先在2019年初,完成了顶层设计,构建了"1+1+2+N"的整体构架;在接下来的一年多时间里,初步在体制机制的建立、基础技术和共性服务平台体系的构建,以及公共安全、城市交通、城市管理、生态环保、智慧能源等5个领域、55个智能业务应用场景的落地等方面,取得了探索性成果。现在,海淀城市大脑建设进入了第三阶段,结合北京市的"十四五"智慧城市规划,链接到每个基层社区,要"上接天线,下接地气",建成让全区300多万老百姓满意的智慧城市服务体系。

旷视依托自身的AIoT算法和技术优势,助力海淀城市大脑建成了国内一流的新型智慧城市治理平台,参与建立了AI计算中心,实现了国产AI芯片与算法的适配;同时,旷视打造了政务服务、城市治理、智慧社区、智慧园区等创新应用,对相应场景下的数据实现全面解析、按需管理,比如渣土车识别、垃圾智能分类等场景,能够更好地实现环境保护与高效的综合治理。

项目8.1　智慧物流战略概述

8.1.1　智慧物流战略的目标

云计算、大数据、"互联网+"等先进技术在物流领域的广泛应用,会使物流智能化水平得到明显提升,进而提升物流行业的效率,使物流行业的成本降低。随着物流技术标准的规范,关键技术的研发和应用获得突破,智慧物流不仅是物流行业发展的新动力,也能促进与智慧物流发展相适应的行业管理政策形成框架,从而形成覆盖我国重点产业的智慧供应链。智慧物流在促进降本增效、供需匹配和产业转型升级中的作用显著增强,为供给侧结构性改革提供了重要的支撑。

8.1.2　智慧物流战略的任务

8.1.2.1　发展高效便捷的智慧物流新模式

1. 推进物流各环节的智慧化

智慧物流是推动传统物流模式变革的重要手段,这种变革不仅仅来自于技术更新,还在于通过流程的再造或组织模式重构等来推动物流的智慧化过程。智慧物流依托云计算和大数据分析,积极推进智慧化的车货匹配、运力优化、仓储、配送、供应链管理等物流新模式的开发及推广应用。政府通过鼓励企业积极探索新的物流服务模式,落实互联网+物流在龙头企业中的应用。以智慧物流城市、智慧物流企业和智慧物流园区三大示范工程为载体,构建智慧物流技术应用带动模式创新和产业发展,使之能够支持一批物流信息服务平台企业和智慧物流企业发展。

2. 成立技术联盟协调共享发展

通过成立相关智慧物流技术联盟,构建政府、高校、科研院所和企业之间的合作平台,整合联盟各方的技术资源,协同发展基于现代物流技术的开发与应用,从而提升物流系统的技术实力,解决一些制约物流企业发展的基础性技术难题。通过联盟实现协同共享,依托智慧物流协同发展理念,打破企业隔离和信息不对称的问题,实现对整个物流资源,特别是闲置资源的充分调用。依托联盟的发展,不断提升物流业自主创新能力,创新商业模式,探索新型联合发展模式。

3. 积极发展共享物流

物流与其他行业关联密切,具有跨部门、跨行业、跨区域的特征。物流行业正在加大力度发展共同配送、托盘循环共用、周转箱循环共用、电商共享云仓储等方面,这有利于形成跨部门、跨行业、跨区域的共享配送、仓储、设备、信息、技术等合作智慧物流平台,促进物流系统效率的提升。通过发展托盘标准化试点工作,可以实现物流上下游共享托盘资源,建立共享物流发展机制,推动共享物流发展,促进物流行业向纵深发展,实现资源共享,优化资源配置,提升物流的整体效率。新型的智慧物流需要适应需求碎片化的趋势,因此正确认识各种新兴运输服务业态对经济社会的价值与贡献十分重要。政府在鼓励和支持创新的同时,要正确引导市场规范有序地发展,建立市场运行动态监测机制和风险评估机制,及时调整政策,防范社会风险。

4. 加快无车承运物流创新发展

建立健全无车承运人在信息共享、运输组织、运营服务等方面的标准规范,推动大数据、云计算等先进技术在物流领域的广泛应用,培育一批理念创新、运作高效、服务规范、竞争力强的无车承运人,引导货运物流行业的规模化、集约化、规范化发展。引导试点企业建立无车承运业务相关操作规范,科学设计业务流程,形成物流资源组织调度、实际承运人监管、单证交接等环节的规范化管理。鼓励试点企业拓展业务范围,加强与铁路、港口、民航等企业的合作,通过物流信息平台的互联互通以及在信息资源、服务规范、作业流程等方面的有效对接,开展公铁、公水和陆空联运,支持企业通过甩挂运输、共同配送等先进运输组织方式提升组织效率。鼓励试点企业开展跨区域网络化经营,引导试点企业在国内设立分公司从事无车承运经营。

5. 推进多式联运发展

随着跨境电商的发展,电商对于多式联运物流的需求大增。依托先进技术,从全运输链条的角度对多式联运各环节统筹衔接。完善基础设施网络,畅通转运微循环系统,强化服务规则衔接,健全法规标准体系,夯实发展基础,提升支撑保障能力。推广先进运输组织形式,深化铁路和货运价格改革,培育多式联运经营企业,丰富联运服务产品,深化行业改革,创新运输服务模式。实现行业信息共享,推广标准化运载单元,加强专业化联运设备研发,推动信息共享,加快装备技术进步。统筹国际联运有序发展,优化口岸通关监管模式,深化国际运输交流合作,深化对外合作,拓展国际联运市场。

8.1.2.2 推动智慧物流向智慧供应链延伸

物流是供应链的实体体现,智慧物流也是智慧供应链的重要组成部分。通过信息技术的改造，从而实现商流、物流、信息流、资金流的一体化运作，促进市场、行业、企业、个人联结在一起，实现供应链管理的智能化。

智慧物流的发展会积极延伸物流的服务链条，引导生产模式能够有效地向消费者和客户个性化、多样化升级的需求转变，推动物流企业与上下游企业进行战略合作，构建协同共享的物流生态圈。智慧物流与互联网深化融合，能够用智能技术倒逼产业链各环节强化供应链协同，打造协同发展的智慧供应链体系。

国务院办公厅发布的《关于积极推进供应链创新与应用的指导意见》，对现代供应链发展进行了顶层安排。鼓励物流企业依托互联网向供应链上下游延伸服务，推进物流产业与制造、商贸、金融等产业互动融合、协同发展。支持供应链服务商通过建设智慧供应链管理服务体系，发展适应"互联网＋"的大规模定制智能集成物流模式，从而满足小批量、多品类、快速生产、快速交货和连续补货等新需求，提供整个供应链物流服务解决方案。智慧物流通过链接升级、数据升级、模式升级、体验升级、智能升级、绿色升级等，将提升整个全面供应链等级，这些都会深刻影响社会生产和流通方式，从而促进产业结构调整和动能转换，为供给侧结构性改革服务。

8.1.2.3　夯实智慧物流发展基础

1. 推进联程联运系统建设

随着智慧物流的逐步发展，作为物流基础设施的铁路、公路、航空港、海港、物流园区等，它们之间的衔接效率变得越来越重要。把联程联运系统建设地的建设提升到国家战略层面，作为具体落实综合交通运输体系建设的主要抓手。通过加快推进综合运输枢纽和多式联运专业化站场设施建设，提升了零距离换乘和无缝衔接的服务功能。大力发展"一票制"货物多式联运，就是利用智能化技术手段推进各种运输方式互联互通的具体表现方式。通过组织开展联程联运试点示范工程建设，可以有效统筹公路、铁路、水路、管道等各种运输方式之间的衔接，大力推进公铁联运、铁水联运、甩挂运输、托盘运输等重来重去、快进快出运输方式。联程联运的提升可以减少物流环节，优化运输结构，降低污染排放，打造便捷高效的绿色物流体系。

2. 推进物流基础网络设施建设

深入推进交通规划与物流基础设施的融合发展，通过完善物流基础设施规划布局，可以保障物流基础设施建设用地，建设出一批具有多式联运功能、支撑区域经济发展的综合物流枢纽，从而促进多种运输方式无缝对接、各类物流园区互联互通，使得城市末端物流微循环得以完善。通过打造布局合理、衔接一体、功能齐全、绿色高效的物流基础设施网络体系，提升整个物流产业的效率。

3. 加快智能化技术装备研发

智慧物流的发展建立在智能化基础设施广泛投入的基础之上。发展的早期应以智慧物流基础设施建设为主，即设施设备的机械化、自动化和标准化，以及互联网、云计算、大数据、物联网、智能终端、智能仓库等在内的基础设施建设，为智慧物流发展奠定基础。鼓励企业在仓储、分拣、包装、配送等各环节采用先进适用，标准统一的物流装备设施不仅能提高作业自动化水平，还能推进无人仓、无人车、无人机等高端科技产品的研发及推广应用。后期可以积极推进物联网、云计算、大数据等新技术的应用。重点在于支持电子标识、自动识别、信息交换、智能交通、物流经营管理、移动信息服务、可视化服务和位置服务等先进技术的应用。最后通过推进物流企业物流管理信息化，可以使企业资源计划(ERP)和供应链管理(SCM)技术能得到有效运用，促进信息技术在整个供应链物流领域得到推广与应用。还要注意建立物流技术创新体制，通过鼓励企业技术改造和新技术研发推广，支持对重点领域关键技术的联合攻关。

4. 升级物流信息平台的开发和应用

通过建设物流公共信息平台工程，可以加强建设面向不同层次和不同对象的智能化物流公共信息平台，来实现物流信息发布、在线交易、数据交换、跟踪追溯、金融服务、智能分析、信用评价等功能，进而构建为一体的物流信息服务中心。推动平台之间数据对接、信息互联，促进互通省际、下达市县、兼顾乡村的物流信息共享，从而实现物流活动的全程监测预警、实时跟踪查询。政府和行业协会要鼓励物流龙头企业搭建面向中小物流企业的物流信息服务平台，这样能促进货源、车(船)源和物流服务等信息的高效匹配，通过降低运输载具空驶率，为优化社会物流资源配置提供平台支撑。

通过鼓励中小企业将自己的信息接入各类物流信息平台，提高企业的信息化水平，能够为将来充分挖掘移动互联网时代大数据、云计算的市场潜力。通过强化跨方式、跨行业、跨部门、跨区域的交通运输基础信息资源的大范围整合，能够促进物流信息的互联互通和共享开发。这些都为增强国家物流公共信息平台的服务功能打下基础，提升建设行业数据交换节点工作，从而在将来开发物流运行分析服务产品。

8.1.2.4 推进行业技术标准规范化建设

智慧物流的建立基础就是物流信息标准化，因此智慧物流想要大规模发展，就必然要在编码、数据接口、电子数据交换等相关代码方面实现标准化，这样才能消除不同企业之间的信息沟通和交流障碍。目前的现状是缺乏信息的基础标准，不同物流企业的信息系统接口成为制约信息化发展的瓶颈，各个企业的物流信息平台和信息系统遵循各自制定的规范，这就使得企业间、平台间、组织间很难实现信息交换与共享。物流行业"各自为政、圈地服务"的情况比较普遍,无法为实现智慧应用和信息共享打下统一的数据基础,整个电子化物流网络之间难以做到兼容。

智慧物流发展首先就要推动综合性标准化的制定,并且能够对综合性标准提出要求,构建出融合性、综合性、集成性的标准。近几年来,交通部作为主办方,搭建了"国家交通物流信息平台",开始对智慧物流标准体系进行建立。全国物流信息化管理标准化技术委员会也开始推动自动识别、条码、二维码等相关标准的创立。例如,北京起重运输机械研究院特种设备委员会建立全自动化立体库等相关标准。大数据、物联网、云计算等各技术领域也都开始推动这些信息技术标准在物流业的应用,这有利于智慧物流标准体系的建设。后续要提升物流的智能化,就要继续推进物流基础标准、业务标准和相关标准的标准化建设工作。

编制和修订一批物流标准,从而提高生产、采购、销售、回收等供应链各环节标准的协调性,这是推动产业融合发展,保障物流服务高效便捷的正确道路。国家和行业协会鼓励企业、社团组织积极参与物流标准化工作,促进国家标准、行业标准、团体标准协同发展。在具体的工作方面,可以表现在推进托盘及仓储配送等物流设施设备的标准化改造和衔接。又比如建立全程冷链物流标准体系,适应消费升级的需求,推动冷链物流发展。再如推进电子商务物流标准化,建立覆盖仓储、运输、包装、配送等全链条的电子智慧物流服务体系。

建立健全物流数据采集、管理、开放、应用等相关标准规范,一个重要的方面就在于完善包装、托盘、周转箱、货品编码等标准。扩大基础共性标准、关键技术标准和重点应用标准研究的参与面,制定一批行业急需的企业间物流信息交互标准,就可以使物流公共信息平台的应用开发、通用接口、数据传输等标准得到规范,最终促进整个智慧物流的发展。

8.1.2.5 扶持物流龙头企业发展智慧物流

要快速提升智慧物流的发展,最好是通过在全国范围内选择出100家基础条件较好的示范企业,然后通过改造和发展,起到示范和引领作用,从而促进智慧物流的快速落地。

通过制定扶持政策,引导龙头企业按照市场规则进行整合、创新。国家和行业协会通过实施先进物流项目,让物流企业明确行业的发展方向。在具体做法上,可以加快推进物流企业信息化建设,进而鼓励物流企业购置或自主开发信息管理系统,搭建整个物流供应链,为上游生产制造企业和下游商贸流通企业构建整合的信息平台。鼓励物流企业运用加快射频识别、全球定位系统、地理信息系统等物联网高端信息技术,来提升物流信息系统的研发和集成。

8.1.2.6　推进智慧物流园区建设

物流园区是现代物流系统的重要组成节点,是智慧物流的重要载体,通过市场竞争选择较为完善的互联网物流信息平台和具备与开展业务相适应的智能化作业处理能力的物流园区,完善这些园区在全国范围内的合理布局。

国家在《全国物流园区发展规划(2013—2020年)》中明确了物流园区的责任与功能,也明确了它就是智慧物流的落地节点。最近相关部门反复强调了物流园区作为智慧物流的重要建设节点,要做到整个物流要素在物流资源的整合,强调了智慧物流设施与技术、物流信息平台、物流金融服务平台等相关智慧物流要素的构建。

物流园区的建设将成为物品、信息、物质、资金交流的"大舞台",完全可以承担智慧物流产业的核心重点。以"网上交易、业务管理、商务协同"为核心,面向整个物流产业链,整合上游货运厂商、下游物流公司客户,通过全程电子商务平台,融入整个电子商务交易中。在物流园区的大屏幕货运信息交易、园区物业管理系统、园区公共服务管理系统、智能停车场、智能一卡通等子业务模块,能够有效提供物流产业链的全程服务。智慧物流园区依托全程物流电子数据平台,有效协调园区与平台的关系,促进园区与园区信息共享,以"平台构造节点化、园区管理智能化、业务服务全程化、行业效益长远化"特色为核心,建设为能够高效处理物流信息的高效智慧节点,是云物流的强力保障。

8.1.3　智慧物流战略的途径

8.1.3.1　加强智慧物流发展的顶层设计

传统物流发展到一定规模后,需要进入智慧物流阶段,必须研究效率和成本问题,否则物流就仅仅是运输工具。从提升整个社会运行质量和效益、建设节约型社会角度来看,可从国家和物流行业的发展着眼,超前做好顶层设计,建立多部委、多行业、龙头企业参与的国家层面智慧物流管理运作机构,以更好地统筹各种资源,加强政策引导和行业指导,确保智慧物流建设顺畅启动,助推现代物流业向自动化、网络化、可视化、实时化、跟踪与智能控制等方向发展。

面对当前我国物流业存在的物流企业资源分配不合理、规模偏小等方面的问题,国家相关部门和单位要结合已有的物流业发展规划,充分利用信息时代的有利因素,在物联网的基础上,加强跨部门、跨行业的融合,加快智慧物流发展规划制定和实施,建立智能管理体系,通过做大做强重点企业,带动其他企业发展。

要深入研究智慧物流发展的政策,通过进一步完善物流相关产业发展,营造良好的市场竞争秩序,促进整个社会物流系统各个要素有序流动,真正实现智慧物流发展法制化、规范化和制度化。

8.1.3.2　加快综合交通运输体系的构建

综合交通运输体系的构建是智慧物流发展的基础保证。一方面,交通运输是一个大系统,各种运输方式、各条运输路线、各个运输环节如果出现不协调,都不能充分发挥有效的运输生产力。多年来,我国交通运输出现不平衡状况,如有些线路压力过大,而有些线路运力得不到充分发挥;有些运输方式严重超负荷,而有些运输方式又不能充分发挥作用等,采取综合运输体系将有效地改变这一不协调、不平衡的现状。所以,发展综合运输体系是提高运输经济效益的重要途径,必须加快发展完善。

另一方面,从时代发展来看,分享经济与传统经济相比,开放度大大提升,分享经济通过开放,不断降低成本,持续创新,促进快速增长。基于此认识,必须加强铁路与公路、水运、航空等运输方式的竞争与合作,坚持以市场为导向,以创新为驱动,以解决问题为切入点,有利于整个社会的发展,形成更好地服务民生、服务企业、服务经济的社会发展大局。

铁路作为国民经济的大动脉,在综合交通体系中处于骨干地位,在新形势新条件下,需要充分发挥绿色环保、高效节能、网络布局等突出优势,承担更多运量,促进全社会物流成本降低,更好地服务经济社会发展。

在现阶段,综合交通需要按照各种运输方式的技术特点,建立合理的运输结构,可以使各种运输方式扬其所长、避其所短,既可增强运输能力,又可提高经济效益。通过发挥多式联运组合效率,发挥不同运输方式的比较优势和组合效率,推动交通运输行业转型升级,奠定我国智慧物流发展的坚实基础。

8.1.3.3　构建智慧物流公共信息平台

在物联网技术商业化背景下,智慧物流产业链全面爆发,形成设备、应用、平台、数据产品服务多层级、多维度的发展态势,产业规模巨大,各种物流信息平台不断研发应用。在这种发展态势下,亟待通过企业优化、平台整合,开放式建设国际性、全国性和区域性的智慧物流公共信息平台,实现互联互通互利,推动我国现代物流战略性发展。

智慧物流的核心是信息化,只有采用信息化技术去衔接好制造端、物流端、服务端这三端的端点,实体企业的成本才会降低,物流业才能起到核心作用。要建立并完善物流信息化标准,以全国、全行业一盘棋思想,创设以政府主导、行业指导、企业参与、公益和市场手段并举的模式,构建智慧物流公共信息平台。采用云计算、物联网、高端服务器及软件、三网融合以及适应北斗系统的设备终端应用技术,整合银行、保险、电信、软硬件供应商,服务于工商企业和物流企业两大核心主体,成为集政府监管、全程在线交易及跟踪、在线支付、信息发布、物流交易、产品展示、推广营销、互动交流、系统及设备终端应用为一体,并为各应用企业提供标准化接口,对物流信息实现合理共享、应用和调配。通过平台打破条块分割、地区封锁,实现各个供应链上达到多环节沟通,更好地实现智能化的管理和协作。

8.1.3.4 建立智慧物流产业集群

物流是一个跨行业、跨部门、跨区域、渗透性强的复合型产业,随着市场经济的发展,现代物流业已经由过去的末端行业,上升为引导生产、促进消费的先导型行业。

随着中国物流业大发展,一些社会化物流企业探索资本运作,"运输公司"性质的物流企业必将迎来新一轮的整合,物流企业间的整合也在所难免,物流企业数量将减少,企业规模和体量将增强。在智慧物流探索方面,海尔集团日日顺物流致力于打造"互联互通生态圈,共创共赢诚信体",已携手天猫、京东等平台企业,小米、微鲸、芝华士、喜临门、顾家等品牌,共同建立了物流行业最大规模的智慧物流生态圈。下一步将以物流服务的产品平台、货源平台和方案解决平台,将物流网、营销网、服务网作为支撑,将供应链管理、定制需求、通用需求结合到一起,形成一个大的智慧物流生态。菜鸟网络专注打造中国智能物流骨干网,将通过自建、共建、合作、改造等多种模式,在全中国范围内形成一套开放的社会化仓储设施网络。目前,菜鸟网络正在全面加强县域智慧物流产品上线运营。作为交通运输业的龙头企业,中国铁路总公司也在积极由运输服务向现代物流业转型发展,95306物流电商平台的建设正不断深入。

国家相关部委和交通运输、物流等行业,要积极引导,联袂合作,着力打造全国示范性智慧物流企业,降低成本、刺激创新、提高效率、加剧竞争等,提升整个行业、区域间的竞争能力,形成智慧物流产业集群,不断提升我国物流业的国内市场主导作用和国际竞争地位。

8.1.3.5 引导社会力量参与智慧物流建设

随着经济社会的持续发展,尤其在互联网经济环境之下,企业与企业之间、行业与行业之间的边界越来越模糊,企业之间的分工合作也越来越密切,智慧物流的发展离不开与社会的融合和社会力量的广泛支持,众包物流就是一种智慧物流模式。众包物流是一种基于互联网平台的开放式配送模式,它借助于成熟的移动网络技术,改变传统的配送重模式,帮助企业充分挖掘、利用社会闲置配送资源,打造全新的配送模式,已被国内外资本市场视为"互联网+物流"的最佳实践方式。

智慧物流建设要集多种服务功能于一体,体现现代经济运作特点的需求,即强调信息流与物质流快速、高效、通畅地运转,从而降低社会成本,提高生产效率,整合社会资源。国家相关部门、行业协会以及交通运输的传统骨干企业、现代物流企业、生产制造企业等,在积极发展现代物流中,必须要进一步深入市场前端,融入社会生产和服务链中,加大与社会融合。通过分工合作,积极利用社会资源,充分发挥自身的真正优势,扬长避短,参与分享经济发展,在更加开放的社会舞台赢得发展先机。

项目8.2 智慧物流协同创新

智慧物流通过对海量精准的数据进行分析,融合智能技术的全面开放的生态,从而提升构建高效的物流环境与平台,实现开放创新、协同创新的智能物流新业态。智慧物流的核心要素是"协同共享",这是现代智慧物流区别于传统物流,并爆发出创新活力的关键之处。协同共享理念不仅能克服传统物流在各个环节脱节不协调的问题,还能通过整合市场需求、资源供给、仓储、运输、配送及信息传递,联系供应链上下游。通过打破传统物流企业的边界,深化物流各部分的分工协作,从而实现物流效率和物流成本的最优化。如菜鸟驿站整合高校、社区、便利店、物业等社会资源,有效解决末端配送的效率和成本问题。

8.2.1 物流信息共享助力协同创新

智慧物流信息平台可以收集全社会各处的物流信息,通过物流信息数据平台,构建服务于全社会的物流信息基础。主要可以从以下四个方面进行有机整合。

8.2.1.1 整合政府部门掌握的物流信息

公路、铁路、航空、水运、邮政、海关、检验检疫、食品药品、工商、税务、公安、商务等政府部门的物流信息资源通过在智慧物流信息平台上加以整合并进行深度开发。

8.2.1.2 整合主要物流行业的物流信息

物流企业在公路、铁路、航空、水运、邮政等方面的电子单证信息可以上传到智慧物流信息平台上进行有效协同。整合物流行业的物流信息将有助于综合运输体系建设和多种运输方式的一体化发展。

8.2.1.3 整合物流全过程的物流信息

第三方和其他物流服务型企业在智慧物流信息平台可以展开基于供应链一体化的物流服务,对物流各环节进行优化整合,对货物实现智能化管理,进而推动物流服务的智能化水平进一步提高。

8.2.1.4 整合其他物流信息平台的物流信息

通过与其他物流信息平台形成联动网络,拓展物流信息网络的覆盖范围,使得专业化物流信息服务业得以规模化发展。

通过打通物流信息平台在部门与企业之间的壁垒,构建规范、顺畅的信息互通和协同运作机制,使得政府部门、物流重点行业(航空、铁路、公路、邮政等)、物流企业之间的物流信息能良好地沟通、集中管理及共享得到组织与制度保障,逐步营造信息共享的良好环境。物流信息的共享可以有效配置全社会的运力,避免因运力过剩而导致物流资源闲散浪费、从而实现运力与货源的有效对接,最终有效推进智慧物流生态圈,降低全社会的物流成本。

8.2.2 "互联网+"高效物流助力协同创新

随着5G和物联网技术的发展,"互联网+"物流服务成为一种实现协同共享理念的典型应用场景。这种利用互联网思维和互联网技术,推动互联网与物流业深度融合,进而重塑物流产业发展方式和分工体系被称为"互联网+"物流服务。这种运用为物流企业转型提供了方向指引,其典型场景有以下几类。

8.2.2.1 "互联网+"高效运输

这就是通过互联网平台,实现货运供需双方信息的在线匹配和实时共享,从而将分散的物流运输市场进行高效整合,使得运输的组织方式得以精细化,从而大幅提升运输的运作效率。从2014年开始,我国货运市场上就涌现出了一批"互联网+"物流的新模式。常见的有"互联网+"车货匹配、"互联网+"甩挂运输、"互联网+"专业物流等,这种模式下典型的应用公司有运满满、货车帮、卡行天下。

8.2.2.2 "互联网+"智能仓储

这种模式就是通过开发全自动仓储系统,利用智能仓储机器人,完成货物的上架、拣选、打包、贴标签等操作,从而大幅提高仓储管理的效率和水平。这种模式还可通过仓储信息的集成、挖掘、跟踪与共享,有效地实现取货自动化、进出货无缝化和订单处理准确化,这就使得仓储行业能配合物流行业进行高端转型升级。目前主要运用的典型就是各个快递公司。快递公司多采用"单点发全国"的模式,包裹平均运距大于1000千米(买家和卖家之间的干线运输距离)。智能分仓可以利用大数据技术来预测未来的销售情况,提前可以把货物安排到离消费者最近的仓库备货,从而大大缩短了小件包裹的运距。菜鸟网络构建的全国智能骨干网络,可使绝大多数小件包裹的运距缩短至500千米之内。菜鸟仓内通过实施仓配一体化,为商家提供了仓储与配送的一条龙服务。物流订单生成后,货物可以从菜鸟仓内直接分拣、包装并交给合作企业配送,大大提高了物流链路的整体效率。

8.2.2.3 "互联网+"便捷配送

这种模式就是通过互联网平台,搭建城市的运力池,开展集中配送、智能配送、共同配送等共享终端配送模式,有效解决物流配送"最后一公里"的痛点。这种模式也刺激了一批专注于城市配送的平台型物流企业,如日日顺、速派得、云鸟配送等,这些企业纷纷搭建城市货物运输平台,利用信息技术创新共享配送模式。美团、饿了么等企业的外卖即时配送模式,已成为城市末端配送的重要组成部分。

8.2.2.4 "互联网+"智能终端

随着互联网本地生活服务的不断提升,整合末端人力资源、服务网络和智能终端,最终实现资源的分布式布局和共享式利用,提升配送资源利用效率和用户的服务体验。

8.2.3 企业战略联盟与跨界合作助力协同创新

物流行业是一个需要充分共享的行业。对于整个社会来说,一旦实现互联共通,就可以大大降低社会物流总成本。这种变化需要技术和资本的双驱动,这样产业之间的协同共享才会更加紧密。适应这种智慧物流产业的集群正在显现。如海尔集团和日日顺联合各平台企业及品牌企业,共同建立了智慧物流生态圈。从日日顺物流的发展来看,其经历了从企业物流、物流企业到平台企业的演变。新型的智慧物流生态圈需要顺应互联网时代开放、协作、共赢的思路,搭建一个需求与资源自由对接的物流信息平台。高效的物流配送在得到客户和用户的广泛好评后,会吸引天猫、京东等平台企业,小米、微鲸、联想等互联网品牌,美乐乐、芝华士、喜临门等家居类品牌,以及小牛电动车、亿健、伊吉康、蓝堡等电器和健身器械品牌。日日顺物流正是靠着与2000多个品牌企业一起建立了行业最大的智慧物流生态圈,慢慢地成长为我国最大的智慧物流生态圈。日日顺智慧物流生态圈的搭建是与开放生态、共创共赢的平台模式分不开的,日日顺物流在全国建立了15个发运基地、103个TC库、6000个大件送装HUB库,共计500万平方米的多级智慧云仓。在这个强大的基础设施网络基础上,日日顺物流开放物流信息平台,吸引了9万辆"车小微"、18万"服务兵",为"最后一公里"配送服务提供支持。通过鼓励货运物流与商贸流通、厂矿、农业、邮政快递等不同行业、不同服务方式间的深层次融合发展,使流通、贸易与交通相互促进、协调发展。

面对不断更新的技术革命,物流企业要不断适应互联网的发展趋势,持续构建智慧物流生态体系,形成协同共享的产业新生态的不断迭代。

8.2.4 物流协同创新的应用

物流通常是综合仓储、包装、运输、装卸、信息等物流环节的一体化管理体系。整个物流过程就是要求尽可能地降低物流总成本,并不断提升用户的服务水平。在成本和效率方面,智慧物流能够为运输提出更高的效率整合,而我国目前的交通运输现状不能适应智慧物流发展的需要。这就需要我们不断发展创新运输基础设施建设、运输组织管理模式、货运服务方式、企业组织形态和政府管理等。同时要将物流服务与运输组织分开的传统思维进行转变,将运输组织管理深入到物流的各环节,不断地优化运输组织管理,不断创新运输组织的方式,全面提升物流运输环节的效率,助力智慧物流的发展。

8.2.4.1 运输组织管理创新

1. 优化运输组织模式

物流企业应以市场为导向,因地制宜,引导运输企业在组织、经营、运力结构方面进行调整,创新发展多式联运、甩挂运输、无车承运、"三车组合"等先进的货运组织方式和运输组织模式,扩大运力的有效供给,促进货运物流业整体"降本增效"。

2. 发展个性化服务的运输新模式

探索差别化和多样化的运输模式,积极推动专业性的配送模式,促进物流企业专业化转型。物流企业可以依托当地的产业优势来积极发展农业、工业、商贸服务业等专业化物流模式。不同区域的物流企业应依托区位优势,积极发展适合各地特色的城市配送型、产业基地型、行业分拨型的物流组织模式。鼓励发展即时配送、冷链配送、城乡一体化配送等专业运输配送模式,满足不同用户对物流多样化和专业化的需求。

3. 构建城乡运输服务体系

根据农村物流需求,探索"定时、定点、定线"的农村物流新模式。以性价比较高的农批对接、农超对接、直供直销等物流组织新模式来引导物流运输企业与大型连锁超市、农产品批发市场、农资配送中心、专业大户、家庭农场、农民合作社等直接建立业务合作关系。以高效农村物流模式为基础,形成集产、运、销于一体的物流供应链服务。通过打通农村物流"下乡与进城"的双向快捷通道,提升城乡物流一体化发展水平。同时,要依托现有乡镇汽运路线、邮政快递路线、农业合作社等各行业在农村物流发展中的基础设施和优势,加强资源整合、共享与合作开发,推进"多站合一"的物流节点建设,形成"场站共享、服务同网、货源集中、信息互通"的物流发展新趋势,全面推动城乡物流配送体系建设。

4. 发展多种运输方式的衔接模式

不同的运输方式有其各自的优缺点,要取长补短地进行融合发展。如公路与铁路、航空、水运等其他运输方式的融合、衔接,就能有效提升成本和收益关系。建立健全各种运输方式信息资源共享机制,实现公铁、公航、公水等多式联运,这就对物流运输的"无缝隙衔接"提供有效的服务。只有建设一个优势互补、共同发展的综合交通运输网络,才能有效降低运输成本。

5. 加强新技术与物流的深度融合

充分利用大数据、物联网和人工智能等现代信息化技术,积极推动互联网与传统物流运输组织的融合发展。积极引导"互联网+"技术在货物运输转型升级中的作用,打造货运物流服务平台,加快物流信息资源跨不同运输方式、跨部门、跨区域的信息互联共享,为提升货运物流服务品质,破解货运物流实载率低、运输成本高的难题打下基础。

8.2.4.3 典型运输组织新模式

1. 多式联运

多式联运就是要充分发挥不同运输方式的优势,通过有效的协调和配合,进而实现最优的运输组合、最低的运输成本以及最佳的运输效果,这是中长距离运输的最好方式。我国目前已将多式联运作为未来物流发展的主攻方向。很多物流企业主动融入"互联网+",积极运用集装箱海铁联运、公铁联运等物流信息系统,这些应用加强了与上下游企业和海关、海事等政府部门的信息互联,为多式联运下一步的高速发展,实现一站式的信息服务,在站场设施、运力调配、货源汇集、通关查验等方面实现信息共享。综合物流运输服务的"十四五"发展规划中明确指出,推进多式联运加快发展,发展多式联运作为综合运输服务体系建设是主导战略。多式联运建设的着力点在于构建设施高效衔接、枢纽快速转运、信息互联共享、装备标准专业、服务一体对接的多式联运组织体系,重点的发展方向是以集装箱、半挂车为标准运载单元的多式联运,推进公铁、公水、铁水、陆空等联运模式有序发展。

2. 无车承运人

2016年3月,财政部与税务总局共同发布了《关于全面推开营业税改征增值税试点的通知》,通知中明确了无运输工具承运业务的地位,实现了制度性的突破创新。同年10月,交通运输部正式启动第一批道路货运无车承运人企业的试点申报工作。无车承运人指的是运输经营者以承运人身份与托运人订立运输合同,并承担承运人的责任和义务,然后通过委托实际承运人完成货物运输的新模式。无车承运人的主要业务就是依托互联网等技术搭建物流信息平台,对车辆、站场、货源等物流资源进行科学的调度,通过提升运输组织效率来获得利润的经营主体。无车承运人通过管理和组织模式的创新,规范了市场主体经营行为,有效地推进货运物流行业的转型升级。随着信息技术与物流活动的不断深度融合,未来无车承运人依托移动互联网对零散运力和货源的整合成为一种趋势。通过信息平台,可以降低车辆平均等货时间和空驶率。可以预见,物流企业没有运输车辆,也能通过货运网络信息系统来经营获利,还可以有效地解决公路运输中常见的"小散乱"状态。

项目8.3　智慧城市"大脑"

8.3.1　智慧物流与城市"大脑"

随着人工智能技术的不断发展，越来越多的设备装上了人工智能的"大脑"。人工智能也更多地在城市管理领域使用，这就会慢慢形成适合城市智能管理的城市"大脑"。2016年10月，城市"大脑"开始在杭州试运行后，苏州、澳门等城市也进行了推广。未来城市"大脑"将会是城市未来重要的基础设施。

8.3.1.1　城市高效管理需要智慧"大脑"

一座城市的管理就是提供水、电、气、路等各种资源，它们无限交织，为城市运转提供源源不断发展的资源。数据已成为城市发展最重要的资源之一，城市"大脑"就是对各种城市管理的数据进行有效运用，进而实现对城市的科学治理和智慧决策。城市"大脑"项目在杭州于2016年10月正式启动以来，有海康威视、大华股份、银江股份、数梦工场、浙大中控、阿里云等公司参与建设。城市"大脑"需要打通政府各部门和企业间的信息界限，构建城市治理建设的共享数据大平台。城市"大脑"的核心在于采用将人工智能技术，运用在对整个城市的全局实时分析，自动调配所需的公共资源，最终将进化成为能够高效治理城市的超级人工智能。

8.3.1.2　城市"大脑"为智慧物流建设打下基础

对于一个城市的管理部门来说，应当将智慧物流放在优先发展的位置。城市居民的生活、生产与建设，离不开高效的物流。城市的空间相对较为狭小，各种资源相对紧张。这就对物流的集约和高效提出很高的要求。现代物流对运输时间、运输效率、运输安全性等方面的要求越来越高。在城市"大脑"的支持下，基于大数据和物联网，对整个城市物流的各个环节进行动态监控、管理和优化，从而构建一个端到端的数字供应链，打造数字、安全、信用的智慧物流中枢体系。城市"大脑"也因此可以成为助推智慧物流发展的新引擎。

城市"大脑"的重要优势之一就在于能够充分调用城市不同部门、不同行业的数据和信息。城市"大脑"可以使用物联网技术，整合海关、交通、银行、工商、科技、商务、税务、质检等部门物流信息，构建一个公路、水路、铁路、航空、邮政等运输物流服务综合信息网络，为物流企业、流通企业、制造企业、行业监管等部门提供信息交换、信息共享服务的智慧物流综合信息平台。

城市"大脑"通过调用系统资源，实现物流线路动态规划、车辆管理、车辆跟踪和绩效管理等一系列功能，大幅提高配送效率，降低配送成本。城市"大脑"还可以根据数据，对司机的实时数据进行监控，如地理位置、车型、车辆状态、历史交易数据、社交数据等，对司机和货主进行画像，然后进行智能配对，为用户和货主双方提供个性化的服务。

可以期待，未来城市"大脑"一旦结合了智慧物流系统，将成为一个升级版的智慧物流系统，可以为城市物流建立一个高智商、能决策的智能中枢，去提升物流各环节的效率，打造更加智慧、智能化的物流系统。

8.3.2　智慧物流与枢纽经济

互联网经济还在随着各种条件不断迭代发展，业态不断创新，与之配套的综合运输和物流枢纽也在不断发展。以城市为载体的枢纽经济发展正呈现出全新的发展格局，国内很多城市依托独特的地理条件、区位条件，创新发展地区枢纽经济。地方城市只有主动融入全国城市网络建设，不断提升城市发展能级，增强参与产能协作竞争，才能为建设全面体现新发展理念的国家枢纽城市提供重要的支撑。

8.3.2.1　枢纽经济的形成与发展

枢纽经济是借助经济要素资源聚集平台（交通枢纽、物流枢纽、物流服务平台、金融平台等）对商流、物流、资金流、信息流、客流等进行集聚、扩散、疏导等的规模化产业发展模式，具有高度的供应链、产业链、产业集群化组织特征。枢纽城市通过聚集具有区域辐射能力的经济要素，这些要素中主要是具有"流"的特征的经济要素，就能有效促进城市经济总量扩张、产业层次跃升，进而为城市的发展地位提升提供路径。

目前，我国城市发展枢纽经济初步具备基本条件。首先是国家主干综合交通网络基本形成，一般性中心城市具备了承载各种经济流的交通能力和条件。其次是我国全面小康社会建设将带来内需扩张，这也将引领经济流的集聚发展。枢纽经济在发展中将具有基于通道、城市和产业三个层面的特点，在空间上重构了我国的经济版图。

8.3.2.2　智慧物流助力枢纽经济发展

现代物流具有越来越鲜明的网络化和规模化特征。因此特定区域的物流业发展规模和水平，就成为该地区成为物流网络的枢纽节点的关键。物流枢纽节点方便吸引和承载更多的物流资源，实现物流的规模化发展。

国际上随着"一带一路"倡议的实施，我国打通了陆向国际贸易通道。如新疆位于面向中亚和欧洲的前沿位置，在物流产业发展的战略方向上具有面向国内、国际方向的双向辐射功能,这对新疆打造国际化物流枢纽是极其有利的条件。新疆的特殊地理优势,可以提升其在"一带一路"倡议中的物流枢纽地位,推动新疆成为国内经济和产业的重要枢纽,并能有效辐射我国西部地区,并成为我国西部地区的物流服务组织中心。这些物流要素聚集效应,将助力新疆实现物流业的规模化发展。

物流业的枢纽化发展将营造效率高、成本低、服务优的物流产业规模。特定的区域能够充分利用自身资源优势,进行大规模产业发展,以及为面向国内、国际的输出创造了条件,极易突破当地经济产业低端、小规模发展的瓶颈。尤其是在物流产业要素聚集和供应链环境改善的基础上,特定区域可以发展产业链结构完整、产业集群化发展能力强的优势产业,既能提高产业的起步发展质量和水平,又能切实提升产品的辐射、服务能力。由此需要发挥包括公、铁、水、空、管在内的多种运输方式的优势,立足区域产业基础和物流需求,加快形成集交通运输、仓储配送、流通加工、信息网络等功能于一体的现代物流体系。同时,培育发展第三方物流,提升作为区域性物流枢纽节点的能级,将交通区位优势加快转化为产业发展优势,有效提升其发展、服务能力,实现物流枢纽建设、产业布局发展和枢纽经济培育一体化发展。还可以不断创新城市的交通、物流组织模式,强化国际铁路港、国际航空港的枢纽功能,延伸陆上、空中物流在国际国内的触角,提高枢纽经济发展的业态层次。

8.3.3 典型枢纽经济城市

枢纽经济是充分利用交通枢纽或地理枢纽,吸引资金、人才、技术和信息等要素流在本地区集中,实现经济产业快速发展壮大、多种经济辐射引流的经济模式。在互联网经济业态不断发展、综合运输和物流枢纽服务组织不断强化的支撑下,以核心城市为载体的枢纽经济发展正呈现出全新的发展态势。

枢纽经济是实现在更大范围、更高层次配置资源、拓展市场,建设国家中心城市的有效经济模式。我国现有的几大枢纽城市包括成都、武汉和郑州。

8.3.3.1 成都

作为我国典型的内陆城市,成都位于我国的西部地区,其地理区位独特、经济区位优势突出,是"一带一路"倡议和长江经济带的战略交汇点,是我国拓展向西开放的重要节点,是成渝经济区的两核之一。2016年,该地区生产总值达到1.2万亿元,已成为我国西部地区重要的经济核心。同时,成都天府机场的落成,使其成为全国第四个具有双机场的大型城市,这加快了成都国际铁路港、国际航空港、陆上物流服务网络、航空物流服务网络、航空客运服务网络为主的"两港三网"。成都枢纽网络体系日趋完善,正成为内陆枢纽经济崛起的代表。

8.3.3.2 武汉

武汉地处我国核心地区，自古就有"九省通衢"之称，是我国有名的枢纽城市。随着中部崛起战略的实施，将有望再次扮演内陆枢纽城市，成为要素配置中心。顺丰集团在武汉鄂州建设航空物流枢纽核心区，是武汉和顺丰双方可以依托的交通枢纽、物流枢纽，转型以后可以对商务、物流、资金流、客流进行聚集和扩散，形成现代规模化的产业发展方式。随着我国经济发展重心从沿海往内陆的迁移，交通枢纽也开始从沿海城市向内陆城市逐渐转移，我国正在迎来内陆枢纽阶段。武汉将会再次成为内陆枢纽城市，成为要素配置中心，发展枢纽经济。

8.3.3.3 郑州

郑州地处我国的地理中心，被称作"火车拉来的城市"，京广、陇海两条铁路大动脉在此交会。在高铁时代，以郑州为中心的"米"字形高铁路网的建成，使得郑州成为全国的高铁枢纽。中欧班列中，郑州也是全国拥有中欧班列最多的城市。目前全国唯一实现每周去三班、返三班往返平衡的郑欧班列，已成为"一带一路"重要的物流通道，货源遍布包括日韩在内的欧亚近30个国家和地区。郑州34条全货运航线中，国际航线有29条，已形成覆盖全球主要经济体的航线网络，每周约100架全货机在郑州机场起降。郑州可以利用交通枢纽优势开展多式联运，物流速度最快、成本最低。近年来，郑州的跨境电商一直领跑全国，综合物流成本最低是郑州不可替代的"王牌"。郑州的枢纽优势同样受到国际物流商青睐，成为国际生鲜集散地的趋势明显。如今，郑州迎来了"枢纽经济"新时代。

总之，智慧物流的建设，不仅仅有利于特定区域，还会利于该城市集聚物流、商流、信息流、资金流、人才流等产业经济要素，来支撑其在未来的枢纽经济的发展。另外，通过多个节点物流要素、产业要素的聚集，不仅可以最大化做强枢纽经济，还可以形成与产业联系密切、发展能力强的经济带，进而推动当地经济的快速发展。物流行业正在从一个为制造商贸业提供服务的跟随发展角色，逐渐走到前台，依托园区、信息平台的建设使各个要素聚集，实现在特定空间的规模化发展，带来特定区域产业快速发展的、具有聚集效应的引领性产业。

知识练习

单选题

1. ( )是智慧物流发展的基础保证。
   A. "互联网+" B. 信息流
   C. 综合交通运输体系的构建 D. 国家政策

2. 物流园区的建设将成为物品、信息、物质、资金交流的"大舞台",完全可以承担( )产业的核心重点。
   A. 物品传输 B. 电商经营 C. 智慧物流 D. 物流管理

3. ( )是国民经济大动脉。
   A. 航空 B. 铁路 C. 公路 D. 交通运输

4. 面对当前我国物流业存在的物流企业资源分配不合理、( )等方面的问题。
   A. 规模偏小 B. 效率低下
   C. 区域发展不协调 D. 网点分布不均

多选题

1. 夯实智慧物流发展基础的方法有( )。
   A. 推进联程联运系统建设 B. 推进物流基础网络设施建设
   C. 加快智能化技术装备研发 D. 升级物流信息平台的开发和应用

2. 智慧物流的核心是信息化,只有采用信息化技术去衔接好( )这三端的端点,实体企业成本才会降低,物流业才能起到核心作用。
   A. 制造端 B. 物流端 C. 服务端 D. 客户端

3. 物流是一个( )、渗透性强的复合型产业。
   A. 跨人群 B. 跨行业 C. 跨部门 D. 跨区域

4. 智慧物流在促进( )中的作用显著增强,为供给侧结构性改革提供重要的支撑。
   A. 降本增效 B. 供需匹配
   C. 产业转型升级 D. 技术优化

简答题

1. 智慧物流的战略任务是什么?
2. 简述构建综合交通运输体系的重要性。

3. 如何夯实智慧物流的发展基础？

4. 智慧物流发展战略途径有哪些？

 实践练习

我身边的智慧城市

实践目的

1. 能了解并分析智慧城市对智慧物流建设的基础性作用。
2. 能发现自己生活中因智慧城市建设带来的便捷化管理。
3. 能为所在地区的智慧城市建设提出合理化建议。

实践组织

以小组为单位，自行调研所在地区的智慧城市建设情况，收集反映智慧城市建设成果的素材，并将实践成果在班级内进行交流展示。

实践内容

以学生所在地区为对象，结合网络视频，针对当地智慧城市的发展状况进行调研，收集反映智慧城市建设成果的图片、视频等素材，制作智慧城市图片集或小视频，并结合作品提出未来智慧城市建设的合理化建议。

考核要求

1. 小组合作，分工合理。
2. 素材真实，画面生动，契合主体。
3. 合理化建议表述清晰，可操作性强。